Ladakh

Die Autoren:

Markus Borr und **Heike Hoppstädter-Borr** begeisterten sich schon früh für Reisen und Abenteuer in fernen Ländern. Bei all ihren Reisen stehen immer die Menschen mit ihren Besonderheiten im Mittelpunkt. Vor allem das Reisen abseits der Touristenpfade ist es, was ihnen besonders gefällt und was den Reiz ihrer Reisen ausmacht. Nicht die Extreme sind gefragt sondern der Kontakt zu den Menschen und ihrer unterschiedlichen Kultur.

Zu diesem Buch:

Dieses Buch entstand nachdem viele Freunde uns zugeredet hatten, unsere Erlebnisse doch mal aufzuschreiben und anderen Menschen zugänglich zu machen. Wir wollen mit unserem Buch keinen Reiseführer ersetzen, sondern die Erlebnisse und Eindrücke beschreiben, welche man von einer solchen Reise mit nach Hause nimmt.

Danksagung:

Vielen Dank an alle, die uns Mut gemacht haben dieses Buch zu schreiben. Einen besonders herzlichen Dank an Elke Seib, die die Korrektur des Skripts übernommen hat.

Ladakh

Trekking im indischen Himalaya

Von:
Markus Borr
Heike Hoppstädter-Borr

Die Deutsche Bibliothek - CIP Einheitsaufnahme

Ladakh : Trekking im indischen Himalaya / Markus Borr und Heike Hoppstädter-Borr - Neunkirchen : Books on Demand GmbH

ISBN 978-3-8334-9845-9

Herstellung und Verlag: Books on Demand GmbH, Norderstedt, 2007

Weitere Infos unter:
http://www.hb-travelreports.de

Inhaltsverzeichnis

Einführung

Ob es eine gute Idee war nach Ladakh zu fliegen? Diese Frage stelle ich mir seitdem wir in Frankfurt in die Maschine eingestiegen sind. Es ist jetzt zwei Uhr, und die Stewardess kam vor zwei Minuten mit einem O-Saft vorbei. Unsere Reise hat ja schon gut begonnen, denn die Maschine ist total überbucht und wir mussten bis zur letzten Minute um einen Platz bangen.

Im Dezember des letzten Jahres fing alles an. Nachdem wir eine Rucksackreise durch Thailand gewagt hatten, suchten wir eine neue Herausforderung. Noch die letzte Reise nicht richtig verarbeitet, saßen wir stundenlang vorm Internet und suchten in Reiseforen nach unserem nächsten Reiseziel. Wir hatten so richtig Lust auf Abenteuer.

Unser Größtes war vor einigen Jahren eine Tour durch Nepal. Damals war es die erste Reise nach Asien. Eigentlich wollten wir nach Nepal wegen der hohen Berge, jedoch waren es die Menschen, in diesem kleinen Land im Himalaya, die uns begeisterten. Sie sind so freundlich und natürlich.

So kam es dann auch, dass wir uns als Reiseziel immer mehr auf den Himalaya eingeschossen hatten. Heike blätterte damals in diversen Katalogen von Trekkingveranstaltern, um ein paar Anregungen für unsere Reise zu bekommen. In einem dieser Kataloge sahen wir dann auch das erste Bild von Ladakh. Es zeigte ein wüstenähnliches Hochtal umringt von schneebedeckten Bergen. Weitere Bilder zeigten Menschen in ihren Trachten oder Mönche in alten Klosteranlagen. Angeregt durch diese Bilder stand unser Ziel schnell fest.

Aber es war gar nicht so einfach, Informationen über dieses kleine Land zu bekommen. Touristisch ist Ladakh kaum erschlossen, was bei etwa 15.000 Besuchern im Jahr auch kein Wunder ist.

Nach einem halben Jahr intensiver Vorbereitung stand die Reise nun. Unsere Route soll mit einer Zwischenübernachtung in Delhi weiter nach Leh, der Hauptstadt von Ladakh, gehen. Für die Weiterreise von Delhi nach Leh gibt es mehrere Möglichkeiten. Viele wählen die mehrtägige Anreise über Manali, dies ist sicherlich auch der spektakulärste Weg. Man benötigt etwa drei Tage und die Tour führt über den Tanglang La, mit 5360 m der zweithöchste befahrbare Pass der Welt. Diese Reiseroute ist auch für die Akklimatisierung an die Höhe die beste Wahl.

Eine weitere Möglichkeit ist die Anreise über Srinagar, diese führt jedoch durch das Grenzgebiet zu Pakistan, welches immer wieder Schlagzeilen wegen Bombenanschlägen oder Überfällen von Rebellen macht. Da wir für unsere Reise nur drei Wochen Zeit haben, nutzen wir die Anreise mit dem Flugzeug von Delhi direkt nach Leh.

Zuerst wollen wir die Klöster des Industals besuchen und natürlich das Hemisfest, welches genau während unserer Reise stattfindet. Als Trekking- Tour entschließen wir uns für eine 4-tägige Wanderung von Likir nach Ang. Reiz dieses Trekkings ist der Kontakt zur Bevölkerung, da die Strecke durch kleine Bergdörfer führt. In der letzten Woche steht das Nubra Tal auf dem Programm, welches nur über den höchsten befahrbaren Pass der Welt, den Khardung La (5604m) zu erreichen ist. Das Nubra Tal ist erst seit wenigen Jahren für Ausländer freigegeben und daher noch sehr ursprünglich.

Ankunft in Delhi

So, da sind wir nun. Wir folgen den Hinweisschildern zum Gepäckband. Die Rolltreppe vor uns führt in eine riesige Halle, wo hoffentlich auch unser Gepäck ankommt, eine der spannendsten Situationen wohl in jedem Urlaub. Dass das Klima hier etwas anders ist sieht man sofort, als wir die Rolltreppe herunterfahren, denn in der Halle hängt richtig dicker Nebel über den Gepäckbändern. Unsere Rucksäcke sind natürlich wieder die Letzten.

Die meisten Mitreisenden stürmen schon in Richtung Ausgang. Wir jedoch schauen noch, ob wir im Flughafengebäude Rupies wechseln können. In einer Ecke vor dem Ausgang gibt es drei verschiedene Wechselstuben, zwei private und eine staatliche. Wir entscheiden uns für die staatliche, da dort keine Wechselgebühr verlangt wird. Hinter der Glasscheibe sitzt ein dicker Inder, der mürrisch unsere dreihundert Euro in Rupies wechselt. Er greift hinter sich und hält uns ein paar große vorgezählte Geldstapel und ein Formular zum Unterschreiben unter die Nase. Ich beginne den ersten Stapel nachzuzählen und Heike macht dem „Dicken" klar, dass wir zuerst mal das Geld nachzählen und dann erst unterschreiben. Jetzt begreift er, dass unsere Zählerei, in Anbetracht der riesigen Stapel, noch länger dauern kann. Plötzlich gibt es in seinem kleinen Büro auch eine Zählmaschine. Nachdem das Geld mehrmals die Maschinen durchlaufen hat, unterschreiben wir endlich sein Formular und verteilen die dicken Geldpakete in unseren Taschen.

In der Vorhalle erschlägt uns das feuchtwarme Klima. Es ist zwei Uhr nachts und bestimmt sechsundzwanzig Grad mit einer sehr hohen Luftfeuchtigkeit. Hinter den Absperrgittern stehen die Abholer und jeder schwenkt sein Schild, um die Aufmerksamkeit auf sich zu richten. Schnell haben wir unseren Fahrer ausfindig gemacht, einen auf den ersten

Blick sehr sympathischen, etwas älteren Mann, in weißem Hemd und feiner Stoffhose. Zu unserer Überraschung begrüßt er uns in fließendem Deutsch. Er stellt sich vor als Ashok und führt uns hinaus auf den Parkplatz.

In einem alten Ambassador geht es in Richtung Connaught Place, dem Dreh- und Angelpunkt von Neu-Delhi. Unterwegs fallen uns die vielen Obdachlosen auf, die auf den Verkehrsinseln in der ganzen Stadt die Nacht verbringen, für unsere europäischen Augen ein sehr ungewohntes Bild. Ashok erklärt uns auf der ganzen Fahrt schon die Sehenswürdigkeiten der Stadt, die im Halbdunkeln an uns vorbeifliegen. Die meisten seiner Infos können wir gar nicht mehr aufnehmen, da wir beide hundemüde sind und nur noch ins Bett wollen. Eingecheckt haben wir schnell. Wir verabreden uns mit Ashok für den nächsten Tag zum Sightseeing. Müde fallen wir ins Bett und sind gespannt, was uns da noch alles erwartet.

Delhi

Um acht Uhr hält uns nichts mehr in den Betten. Die Nacht war sehr ruhig, was in indischen Hotels nicht selbstverständlich ist. Nach einem ausgiebigen Frühstück erkunden wir die großen Straßen des Connaught Place. Als wir das Hotel verlassen beginnt zunächst ein Spiesroutenlauf. Alle zwei Meter werden wir von Schleppern angesprochen, die genau wissen, dass man ein Taxi braucht, wenn man eine Shoppingmall besuchen will oder auch das Hotel wechseln möchte. Einfach nervig. Zu Beginn ist man ja noch sehr freundlich und weist sie ab mit einem coolen „no thanks". Aber nach dem zwanzigsten „You will see shopping center" ist die Antwort meist nicht mehr so freundlich.

Der Connaught Place besteht aus drei Ringstraßen, die einen Park umschließen. Wir sind verwundert, dass so wenig Betrieb auf den Straßen ist und alle Geschäfte geschlossen sind. Der Grund ist schnell gefunden, Heute ist Sonntag. Ja, die Inder halten sich an den Sonntag. Außer den Schleppern und Neppern, die uns ständig auf den Fersen sind, ist kaum jemand unterwegs. Inzwischen haben wir auch herausgefunden, dass man unsere Weggefährten am einfachsten durch Ignoranz los wird.

Um elf Uhr kommt Ashok, um uns die Stadt zu zeigen. Er hat den gleichen alten Wagen dabei wie gestern Abend. Das Auto sieht aus wie die Fahrzeuge in dem Film „Die Waltons", nur mit dem Unterschied, dass es sich hier nicht um einen Oldtimer aus dieser Zeit handelt, sondern dieses Fahrzeug heute noch so in Indien gebaut wird. Einfach faszinierend.

Zuerst fahren wir Richtung Old Delhi mit der Freitagsmoschee Jama Masjid. Sie ist die größte Moschee Indiens und bietet Platz für 25.000 Gläubige. Die aus rotem Sandstein und Marmor erbaute vierzig Meter hohe Moschee hat drei große Eingänge, wird umrahmt von 4 Türmen und 2 Minaretten. Von einem der Minarette hat man einen guten Blick über die ganze Stadt. Für das Besteigen und das Fotografieren muss jedoch erst mal noch ein Extra-Ticket gelöst werden.

Im Innenhof liegt ein großes Becken, an dem die Gläubigen die rituelle Fußwaschung durchführen. Da wir zur Zeit die einzigen Touristen hier sind, starren uns hunderte Augen an und verfolgen jeden unserer Schritte. Ein seltsames Gefühl. Beim Durchschreiten des großen Innenhofes merken wir auch sofort, warum hier überall kleine Teppiche herumliegen. Sie dienen zum Schutz der Füße vor den heißen Platten. Die Sonne erwärmt die Platten so stark, dass wir uns fast die Fußsohlen verbrennen, wenn der Wind mal einen Teppich verweht hat und wir doch auf die heißen Platten treten müssen. Am Ausgang bekommen wir gegen ein kleines Entgelt unsere Schuhe wieder, die wir beim Betreten vor der Moschee abgeben mussten. Ashok weist uns an, nun besonders auf unsere Taschen und Geldbörsen aufzupassen, denn wir laufen mit ihm zur Chandni Chowk, der Hauptstraße von Old Delhi.

Als wir die Ruhe der Moschee hinter uns lassen, wissen wir was er meinte. Vergiss alles, was du bisher gesehen hast und stell es dir noch vielfach schlimmer vor. Das ist Chandni Chowk.

Hier pulsiert das Leben. Tausende von Menschen strömen durch diese alten Gassen und Märkte. Man bekommt hier alles: alte Autobatterien, Fahrräder, Eis, Götterbilder, Seidenschals, Räucherstäbchen, Potenzmittel, mit Mücken überzogenes Fleisch, Currypulver, Fotokameras, Tee, Saris, Gebisse (auch gebraucht), Blumen, die Zukunft gelesen, einfach alles. Überall Menschen, reiche, arme, dünne, Bettler, Handwerker, Wahrsager, Goldschmiede, Rikschafahrer, Hühnerhändler, Metzger. Und dazu jeweils noch der passende Geruch bei 34°C im Schatten. Einfach herrlich. Man weiß gar nicht mehr, wo man überall hinsehen soll. Sicher kann man hier tausendmal durchlaufen und es ist immer wieder anders.

Am Ende der Straße erreichen wir das „Rote Fort". Hier vor dem Haupteingang, dem Lahore Tor, ist es zum Glück wieder etwas ruhiger. Wir kaufen uns eine Flasche Wasser und genießen die Ruhe im Schatten eines Baumes. Ashok ist das alles viel zu langsam. Während unserer Pause ist er schon unterwegs, um uns die Tickets für das Rote Fort zu besorgen und sich schon mal an der langen Schlange am Eingang für uns anzustellen. Nach gut fünfzehn Minuten kommt er schon eilig herbeigelaufen und führt uns an der ganzen Schlange vorbei, redet kurz mit den Wachposten und wir dürfen sofort eintreten. Keine Ahnung, wie er das geschafft hat. Denn hier wird normalerweise alles streng kontrolliert und es gibt hier jede Menge Militär mit Maschinengewehren zur Sicherung der Anlage.

Die Anlage aus rotem Sandstein hat gigantische Ausmaße. Mit einem Umfang von zwei Kilometern zeigt sie den Reichtum der Mogulen im sechzehnten Jahrhundert. Nach dem Lahore Tor betritt man den alten Bazar. Heute ist er eine Ansammlung von Souvenirläden und dies bedeutet für uns einen weiteren Spießroutenlauf an den Händlern vorbei. Im Innern fällt der Blick auf Gärten mit einer großen Säulenhalle. In dieser wurden früher die Audienzen der Herrscher abgehalten. Hier aus den Gärten möchten wir am liebsten nicht mehr weg, denn es nervt uns schon jetzt, wieder ins Gewühl der Millionenstadt zurückzukehren.

Schweren Herzens verlassen wir die Oase der Ruhe und stürzen uns wieder in die Menschenmassen. Nach dem Besuch des Grabmals von Mahatma Gandhi fühlen wir uns, auf Grund der Hitze, wie im Backofen, deshalb gehen wir erst einmal zum Mittagessen ins Restaurant „Pindi" mit sehr guter Punjab Küche: Chicken Biryani, Alu Ghobi (Kartoffeln mit Blumenkohl) und Naan. Als unsere hungrigen Mägen befriedigt sind unternehmen wir einen Bummel im wohl teuersten Kaufhaus Delhis - schöne Schals und Teppiche werden da angeboten, aber momentan ist uns einfach noch nicht nach Geld ausgeben.

Nun verlassen wir Old Delhi und fahren nach New Delhi. Der Verkehr ist für europäische Verhältnisse einfach grauenhaft. Unser Fahrer hat scheinbar ein gutes Karma. Er fährt ohne auf andere Verkehrsteilnehmer zu achten in Hauptverkehrsstraßen hinein. Und, „oh Wunder", es passiert uns nichts. Manchmal hat man das Gefühl das Auto sei aus Gummi, es passt in Lücken hinein, wo ein „normaler" Mensch sein Auto nicht hineinlenken würde.

Am India Gate, dem Arc de Triomphe von Delhi, machen wir einen kurzen Fotostopp. Hier in den umliegenden Gartenanlagen picknicken indische Familien. Die Gärten wären ja recht idyllisch, wenn nicht der Verkehrslärm der umliegenden Straßen eine normale Verständigung unmöglich machen würde. Überall stehen fliegende Händler mit Ihren Karren und bieten ihre Waren an.

Wir versorgen uns mit Trinkwasser und weiter geht es zu unserem letzen Highlight des Tages, dem Qutab Minar Komplex. Dieser liegt etwa fünfzehn Kilometer südlich von Delhi. Am Eingang organisiert Ashok wieder Karten. Das heißt, er verschwindet Richtung Kasse, ist nach zwei Minuten wieder zurück und wir können an der langen Schlange vorbei den Komplex sofort betreten.

Der eigentliche Qutab Minar ist die etwa siebzig Meter hohe Siegessäule. Sie ist aus Sandstein und Marmor und hat wunderschöne Verzierungen. Die Sandsteinarbeiten des gesamten Komplexes sind ein Augenschmaus. Hier fallen wir aber auf wie die Außerirdischen. Die Inder hier, die meisten sind Touristen, haben scheinbar noch nicht viele Europäer gesehen. Wir sind eine größere Attraktion als der Komplex. Plötzlich kommt eine Frau auf mich zu und drückt mir ihr Kleinkind auf den Arm, damit sie ein Foto von uns machen kann. Die ganze Familie, etwa acht Personen schüttelt uns die Hände und macht Fotos von uns. Die Leute sind alle nett und freuen sich, wenn wir an ihnen vorbeigehen und freundlich grüßen. Besonders Kinder laufen hinter uns her und bestaunen uns wie das siebte Weltwunder.

Nach all den Eindrücken wollen wir jetzt nur noch zurück ins Hotel. Auf dem Rückweg halten wir noch am Büro von Jet Airways, um unseren Flug für morgen früh nach Leh zu bestätigen. Das Büro ist eigentlich geschlossen, jedoch stehen innen ein paar Angestellte und haben nichts zu tun. Wir zwängen uns unter dem Rollladen hindurch und Ashok erklärt den verdutzten Angestellten unser Anliegen. Schnell sind die Plätze bestätigt und auch unsere Mahlzeit für den Flug können wir schon wählen. Welch ein Service.

Vor dem Hotel verabschieden wir uns von Ashok, der heute so geduldig mit uns war. Ständig hatten wir irgendwelche Fragen und er erklärte den ganzen Tag die Besonderheiten Delhis und seiner Bewohner. Schnell gibt es noch ein Erinnerungsfoto mit Ashok, dem Fahrer und dem alten Ambassador. Den Tag beschließen wir im Restaurant „Kwality" in der Nähe unseres Hotels bei Paneer Kadai, Mutton Shahi Korma, Naan und einem eisgekühlten Kingfisher.

Delhi - Leh

Um drei Uhr klingelt der Wecker. Die Nacht war viel zu kurz. Schnell verstauen wir unsere Sachen in die Rucksäcke. Zur Sicherheit auch unsere kleinen Rucksäcke, die normalerweise als Handgepäck ins Flugzeug dürfen. Auch nehmen wir für die Kameras nur einen Satz Akkus mit, die anderen stopfen wir in den Rucksack. Zu oft hatten wir gelesen, dass man kein Handgepäck außer einer Fotoausrüstung (ohne Batterien) ins Flugzeug nehmen darf. Im Bistro gibt es noch schnell eine Tasse Kaffee und zwei Toasts. Mit dem Taxi fahren wir zum nationalen Airport, eingecheckt haben wir schnell. Jedoch müssen wir etliche Sicherheitsüberprüfungen über uns ergehen lassen. Mindestens zwei Leibesvisitationen, bei denen kein Körperteil, weder bei den Männern noch bei den Frauen, ausgelassen wird.

Am Flughafen treffen wir noch Katja, unsere Trauzeugin. Sie ist zur gleichen Zeit wie wir in Ladakh und reist mit einer Gruppe von Hauser Exkursionen. Ihre Maschine geht jedoch eine Stunde vor uns, um halb sechs. Der Boarding Room ist voll von Treckern aus aller Herren Ländern, indischen Geschäftsleuten und Ladakhis. Unser Gepäck müssen wir vor dem Einsteigen in den Bus zur Maschine wieder identifizieren. Wieder gibt es einen Stempel auf die Bordkarte und auf den Gepäckanhänger. Ein Land der Stempel und Unterschriften.

Endlich, wir heben ab. Zum Glück haben wir einen Platz am Fenster. Unter uns verschwindet schnell die riesige Stadt im Dunst. Nach gut dreißig Minuten erreichen wir das Ziel unserer Träume. Wir überfliegen den Himalaya. Schneebedeckte Gipfel bis zum Horizont. Bei uns in Europa hat jeder Hügel seinen Namen, hier gibt es unzählige Gipfel, die höher sind als die Berge in Deutschland, jedoch ohne Namen. Wir überfliegen riesige Gletscher. Überall an den Fenstern kleben nun die Passagiere und pausenlos klicken die Kameras. Eine richtige Spannung ist unter ihnen zu spüren. Seltsam, was der Anblick dieser Berge in Menschen verursachen kann. Die Maschine geht langsam etwas tiefer, und wir sehen zu unserer Rechten den See Pangong Tso in der Changtang Hochebene. Der See liegt auf viertausendfünfhundert Metern umringt von Fünftausendern. Ein tolles Panorama.

Doch der Höhepunkt des Fluges steht uns nun bevor. Der Landeanflug auf Leh beginnt. Er kann nur bei ausreichender Sicht und den richtigen Luftströmungen durchgeführt werden. Das Flugzeug schraubt sich wie auf einer Wendeltreppe zwischen den Bergketten von Zanskar und Ladakh hinunter. Die Tragflächen des Flugzeugs kommen den Bergriesen bedenklich nah. Wir hoffen, dass der Pilot ein gutes Karma hat. Nach der letzten Schleife geht es in einem schnellen Sinkflug auf die winzige Landebahn von Leh.

Als der Flieger anhält und wir uns abschnallen dürfen, hat man beim Blick nach draußen den Eindruck, mitten in einer Geröllwüste zu parken. Beim Verlassen des Flugzeuges bemerkt man sofort die kristallklare Höhenluft. Wir haben etwa zwanzig Grad und strahlenden Sonnenschein. Ein klappriger Bus bringt uns zu einem kleinen Gebäude am Rande des Flugfeldes, was sich als das Terminal von Leh herausstellt. Bevor man das Terminal verlassen darf muss man ein Formular ausfüllen. Schnell bildet sich eine Schlange an den Schreibplätzen zum Ausfüllen der Einreiseformulare. Heike stellt sich dort an und ich halte das Gepäckband im Auge, in der Hoffnung, dass unser Gepäck den Weg zu uns findet.

Vor dem Terminal erwartet uns schon ein Fahrer unserer Agentur. Schnell haben wir unser Gepäck verladen und es geht in Richtung Leh zu unserem Guesthouse. Unterwegs bekommen wir noch Tipps von unserem Fahrer über die richtige Ernährung hier in der großen Höhe. Das Wichtigste hier in dieser Höhe ist, für ausreichend Flüssigkeitsaufnahme zu sorgen. So vier bis fünf Liter sollte man am Ende eines Tages schon getrunken haben. Steil führt die Straße hinauf zum Ort. Entlang der Hauptstraße leben hier hauptsächlich Handwerker und Händler. Man hat einen schönen Blick auf das Industal und die dahinter liegenden Gipfel, der bis zu sechstausend Meter hohen und tief verschneiten Zanskar Bergkette.

Im Jigmet Guesthouse werden wir schon erwartet. Das Haus hat etwa vierzehn Zimmer und liegt sehr ruhig im oberen Teil von Leh. Die Gebäude stehen zur Straße und der schöne Innenhof mit Sitzgelegenheiten wird nach hinten begrenzt durch einen großen Gemüsegarten mit schönem Blick auf die umliegenden Berge.

Im Wintergarten der Familie wird uns sofort ein Tee angeboten. Der jüngste Sohn wird zum Bäckerviertel geschickt, um Brot für uns zu besorgen. Zehn Minuten später bekommen wir frische Chapati mit Butter und Marmelade serviert. Nach dieser Stärkung beziehen wir unser Zimmer, welches im zweiten Stock liegt. Beim Treppensteigen bleibt mir fast die Luft weg, jetzt merke ich doch die dünne Höhenluft. Schwungvoll zwei Stufen auf einmal zu nehmen und dabei nicht zu keuchen wie bei einem tausend Meterlauf ist einfach nicht möglich. Unser Zimmer ist groß und hat ein schönes Bad mit WC. Wir legen uns aufs Bett und schlafen erst mal zwei Stunden. Schließlich soll man es ja auf dieser Höhe erst mal ruhig angehen lassen.

Mit ausgetrocknetem Mund wachen wir beide auf. Nun merken wir erst, wie trocken hier oben die Luft ist. Wasserkaufen ist angesagt. Wir brechen auf zu einem gemütlichen Rundgang durch Leh. Entlang der Hauptstrasse gibt es jede Menge kleiner Läden, in denen es fast alles zu kaufen gibt:

Schmuck, Toilettenpapier, Schals, Bücher, Lebensmittel…. Außerdem gibt es jede Menge Restaurants, zum Teil sogar zum Draußen sitzen. Einige haben noch gar nicht geöffnet, sondern werden nach der langen Winterpause gerade wieder hergerichtet. Am Straßenrand sitzen alte Frauen in ihrer Tracht und verkaufen Gemüse. Der Handel ist hier fest in der Hand von Kashmiris. Vor jedem Laden sitzen die Händler und versuchen die wenigen Touristen, die unterwegs sind, zum Einkaufen zu animieren.

Da sich langsam aber sicher Hunger meldet, gehen wir ins Amdo in der Hauptstraße zum Essen. Der Eingang befindet sich in einer kleinen Seitengasse. Man benötigt fast eine Taschenlampe, um im dunklen und engen Treppenaufstieg die Stufen nicht zu verfehlen. In der Gaststube im zweiten Stock stehen sechs Tische. Vom Tisch am Fenster haben wir eine schöne Aussicht, um den Trubel auf der Hauptstraße zu beobachten. Ein kleiner Junge bringt uns die Karte. Wir bestellen eine Gemüsesuppe und vegetarische Momos. Der Bestellvorgang funktioniert natürlich nicht wie bei uns: auf einem schmutzigen Blatt Papier notieren wir unsere Bestellung und die Bedienung verschwindet damit in Richtung Küche, wo sich scheinbar jemand befindet, der lesen kann. Die Gemüsesuppe ist gut mit Chili gewürzt, die Momos dienen uns dann zum Neutralisieren der Schärfe.

Gut gestärkt schlendern wir durch die Gassen von Leh. Sobald wir die Hauptstraße verlassen befinden wir uns in einer Zeitmaschine. Hier leben die Menschen teilweise noch wie vor einhundert Jahren. Viele tragen noch die alte traditionelle Kleidung. Um die Moschee am Ende der Hauptstraße leben viele Bäcker. An vielen Backstuben machen wir halt und beobachten die Bäcker, wie sie geschickt den Teig zuerst portionieren, dann zu Kugeln formen, um sie dann mit schnellen Handgriffen durch die Luft zu werfen, bis große Fladen entstehen. Diese werden dann in ihren Lehmöfen zu leckeren Chapati gebacken. Die Menschen freuen sich immer wieder, wenn wir in der Türe stehen bleiben, um sie bei ihrem Tun zu beobachten. Auf einer Dachterrasse genehmigen wir uns einen Tee, um den Wasserhaushalt aufzufrischen und die ersten Eindrücke etwas zu verarbeiten. Die Sonne brennt so stark, dass wir sogar den Schatten aufsuchen, um nicht schon am ersten Tag einen schönen Sonnenbrand zu bekommen.

Das Büro unserer Agentur ist schnell gefunden. Dorjey, der Eigentümer, ist ein freundlicher gemütlicher Ladakhi, der geduldig unsere Fragen beantwortet. Sein Büro passt eigentlich gar nicht zu den Gassen durch die wir vorher gelaufen sind. In dem kleinen Raum steht ein Sofa, ein kleiner Tisch und drei Schreibtische. Diese sind überfüllt mit Formularen, Karten und, man glaubt es kaum, Telefon, Fax, Notebook und Drucker. Das Notebook macht uns bewusst, das auch hier die Zivilisation nicht aufzuhalten ist. Trotzdem hängen an der Wand diverse Buddhafiguren und ein Bild vom Dalai Lama. Nachdem wir die Planung der nächsten Tage fertig gestellt haben gehen wir ins Tibetan Kitchen zum Abendessen.

Leh

Nach einer zermürbenden Nacht mit viel Hundegebell sind wir schon früh wieder auf den Beinen. Zum Frühstück, im Innenhof unseres Guesthouses, gibt es frisches Fladenbrot mit Mangomarmelade. Heute wollen wir noch langsam machen, um uns an die dünne Höhenluft zu gewöhnen. Meist geschieht dies sowieso automatisch, denn man kommt bei der kleinsten Anstrengung außer Puste.

Dies merken wir als wir den kleinen Anstieg zum alten Königspalast in Angriff nehmen. Oberhalb von Leh thront dieses riesige vierhundert Jahre alte Gebäude. Mit neun Stockwerken und über hundert Zimmern wurde es dem Potala-Palast von Lhasa nachempfunden. Die erste Herausforderung ist den richtigen Weg zum Palast zu finden. Hinter der Moschee laufen wir durch die engen Gassen, vorbei an kleinen Schneidereien und Schuhmacherläden. Immer wieder wird man eingeladen, den Handwerkern bei ihrer Arbeit zuzuschauen. Steil führt der Weg nun den Berg hinauf. In der Gassenmitte verläuft ein kleiner Abwasserkanal, der meist nur dürftig bis gar nicht abgedeckt ist. Daher sind wir ständig damit beschäftigt, mit großen Schritten über diverse Hindernisse zu balancieren. Am Lhakhang Marpo, dem roten Tempel, bleiben wir stehen und verschnaufen. In der Nähe hören wir Hundegebell und hoffen, dass die streunenden Hunde nicht weiter in unsere Richtung laufen. Durch den großen Innenhof des Lhakhang Soma, dem neuen Tempel, erreichen wir den Königspalast.

Heute Morgen sind wir die ersten und vor allem die einzigen Gäste hier oben. Wir zahlen bei einem Mönch, der auf den Stufen im Dunkeln des Eingangs sitzt, einhundert Rupien Eintritt und folgen ihm durch den Flur ins Innere des Palastes. In den Räumen gibt es nicht viel zu sehen, die meisten sind leer und auf dem Boden liegt eine dicke

Sandschicht. Nur in der obersten Etage sind die alten Wand-malereien zu bewundern, hier wird auch fleißig renoviert. Eingestürzte Decken werden neu aufgebaut und in einigen Räumen werden wieder Fenster eingesetzt.

Vom Dach des Königspalastes haben wir eine fantastische Aussicht. Links von uns sehen wir den alten Stadtteil. Als zentraler Platz liegt dort der große Poloplatz auf dem gera-de ein paar Kinder Fußball spielen. Der Mönch vom Ein-gang winkt uns zu sich zu einem kleinen Innenhof inmitten des Palastes. Wir wissen gar nicht recht was er von uns will, irgendetwas möchte er uns scheinbar zeigen. Wir folgen ihm durch viele dunkle Flure. An einer reich verzierten Tür zeigt er uns, dass wir unsere Schuhe ausziehen sollen. Aus seiner Kutte kramt er einen Schlüssel und sperrt die Tür auf. Wir folgen ihm ein paar Stufen hinunter in einen dunklen Raum. Ständig lächelt er uns an und zeigt, dass wir ihm folgen sollen. Die Augen gewöhnen sich schließlich an die Dunkelheit. Wir stehen im alten Palasttempel.

Normalerweise ist dieser abgesperrt und nur mit viel Glück zugänglich. Zentraler Punkt des Raumes ist die etwa zwei Meter hohe Statue des weiblichen Bodhisattva Sitata-patra. Die einzige Beleuchtung des Raumes ist das wenige Sonnenlicht, welches durch den kleinen Lichtschacht in der Mitte des Raumes fällt. Weitere Lichtquellen sind die klei-nen Butterlampen.

Eine richtig mystische Stimmung liegt in dem Raum. Die Säulen sind mit alten Holzmasken verziert. In einer Ecke steht ein großes Holzregal mit vielen, in roten Stoff einge-schlagenen heiligen Schriften. Es handelt sich hier um die kleine Bibliothek des Tempels. Die Stoffe, die überall an der Decke hängen und über die Buddhafiguren gelegt wur-den, sehen aus als ob sie jeden Moment auseinander fallen. Unser Mönch freut sich, dass wir so begeistert und inte-ressiert seinen Tempel betrachten. Sein Gesicht erhellt sich noch mehr, als ich eine kleine Geldspende in einer kleinen

Opferschale hinterlasse. Wir bedanken uns bei ihm und verlassen den dunklen Königspalast.

Draußen erschlägt uns fast das helle Sonnenlicht. Zum Glück haben wir unsere Gletscherbrillen dabei. Nun nehmen wir das steilste Stück des Weges, hinauf zum Tempel der Schutzgottheiten Gonkhang, in Angriff. Immer wieder müssen wir zum Verschnaufen stehen bleiben. Ich habe das Gefühl als hätte ich nie so etwas wie Kondition gehabt. Hoffentlich vergeht dieser Zustand schnell. Auch Heike hat Mühe mit der dünnen Luft. Nach dreißig Minuten stehen wir auf dem Plateau vor dem Tempel.

Für die Anstrengung werden wir mit einem super Ausblick belohnt. Vor uns öffnet sich das riesige Industal, im Hintergrund die Berge der Zanskarkette. Rechts von uns das neue Leh mit seinen Guesthäusern und Terrassenfeldern. Hinter uns sieht man zum Greifen nah die schneebedeckten Berge der Ladakhkette. Über diese Berge werden wir noch fahren, wenn wir mit dem Jeep ins Nubra Valley reisen. Direkt zu unseren Füßen sieht man die Hauptstraße von Leh. An ihrem Ende steht die große Moschee und keine fünfzig Meter entfernt das Goldene Dach eines buddhistischen Tempels. Interessant, wie offen doch die Mehrheit der buddhistischen Bevölkerung mit anderen Religionen umgeht.

Schon verrückt, vor achtundvierzig Stunden waren wir noch in der hektischen Welt des Molochs Delhi und nun sitzen wir hier vor dem kleinen Tempel und genießen die Ruhe und Einsamkeit der Berge. Unsere Welt scheint Lichtjahre von hier entfernt zu sein.

Unterbrochen wird unsere Träumerei durch Trommelgeräusche, die zu uns heraufschallen. Die Quelle ist schnell gefunden, sie kommen von einer Schule am gegenüberliegenden Hang. Dort ist gerade Antreten der Schüler vor dem Schulgebäude angesagt. Na, das ist eine Disziplin, für unsere Wertvorstellungen ein ganz ungewohntes Schauspiel.

Zurück nehmen wir nicht mehr den Weg am Königspalast vorbei, sondern laufen ein Stück des Fahrweges oberhalb des alten Ortsteils. Der Ausblick ist grandios. Vor uns liegt die Altstadt mit ihren kleinen Häusern und engen Gassen, dahinter das schöne Industal. Auf den Dächern der Häuser liegt Kuhmist zum Trocknen, der zum Heizen und Kochen genutzt wird. Frauen hängen Wäsche auf und Männer sind dabei, ihre Häuser weiß zu tünchen.

Dann biegen wir nach rechts in die Altstadt ab, um am Poloplatz vorbei zur Hauptstraße zurückzulaufen. Jeder unserer Schritte wird genau beobachtet. Überall blicken uns neugierige Augen entgegen und mustern uns von Kopf bis Fuß. Unterwegs kaufen wir in einem kleinen Dorfladen, umringt und bestaunt von einheimischen Kindern, zwei Flaschen Wasser. Abseits der Haupttouristenpfade ist es doch noch ungewöhnlich, dass Fremde etwas einkaufen und sich unters normale Volk mischen. Unten in der Hauptstrasse gibt es keinen Auflauf, wenn Fremde etwas kaufen.

Die dortigen Läden gehören auch fast ausschließlich Kashmiris. Die Ladakhis sind keine guten Händler. Ihre ruhige Art und Mentalität unterscheidet sich total von den aufdringlichen kashmirischen Händlern des Mainbazars.

Uns zieht es nun auf den im unteren Teil von Leh liegenden Ladakhimarkt. Die Händler hier sind alle sehr freundlich und unaufdringlich. Bei einem Schneider, der vor seinem Laden mit einer Nähmaschine sitzt, bleiben wir längere Zeit stehen und beobachten, wie er geschickt mit Nadel und Faden hantiert. Wir bedanken uns für die Vorführung und schlendern gemütlich durch die Gassen.

Vorbei an Schmuckstücken aus Korallen und Türkisen, Thangkas, Holzmasken, Töpfen, Tassen, Kochutensilien, Benzinbrennern, Pullovern, Taschen, Rucksäcken, Teppichen und dazwischen immer wieder Metzger, die ihre halb zerlegten Tiere im Freien zerteilen und verkaufen. Sehr leckerer Anblick. Da uns nun die Müdigkeit wieder überkommt laufen wir zurück zu unserem Guesthouse und legen uns aufs Ohr. Den Abend verbringen wir in einem kleinen Restaurant auf dem Dach eines Hauses in der Nähe der Hauptstraße.

Kloster Thikse

Nach einer weiteren unruhigen Nacht voller Hundegebell und Rufen des Muezzins stehen wir schon früh auf, denn wir möchten um sechs Uhr im Kloster Thikse an einer Morgenpuja teilnehmen. Wir frühstücken im Halbdunkeln auf der Terrasse unseres Guesthouses. Unser Hausherr hat es sich nicht nehmen lassen, trotz so früher Stunde einen Tee und ein Chapati zu servieren.

Der Wind ist heute Morgen frisch und man merkt das Fehlen der wärmenden Sonnenstrahlen sehr deutlich. Der warme Tee wirkt jedoch Wunder. Pünktlich steht unser Fahrer vor der Tür und los geht es ins etwa zwanzig Kilometer entfernte Thikse. Zunächst führt die Straße hinunter in den unteren Teil von Leh. So früh am Morgen ist noch nicht viel los, trotzdem lässt unser Fahrer alle fünfzig Meter die Hupe ertönen. Das Hupen geht scheinbar schon automatisch. Nur vereinzelt verladen Händler in der normalerweise sehr belebten Straße ihre Waren.

Wir verlassen Leh in Richtung Osten. Nach Durchfahren eines Militärcamps erreichen wir das tibetische Flüchtlingslager Sonamling in Choklamsar. Das Flüchtlingslager, welches in den sechziger Jahren errichtet wurde, liegt inmitten einer kargen Sandwüste. Heute leben hier etwa zweitausend Tibeter unter sehr einfachen Zuständen. Die Hauptstraße ist schmutzig und es sieht bei weitem nicht so aufgeräumt aus wie in Leh.

Hinter dem Ort hält unser Fahrer an einem Kontrollposten der Taxigewerkschaft. Alle Fahrer sind hier mehr oder weniger freiwillig Mitglied einer Taxigewerkschaft, die streng die Preise und Anzahl der Fahrzeuge überwacht. Handeln ist kaum möglich. Die Fahrer verlangen alle den gleichen Preis. Die weitere Strecke schlängelt sich im Tal des Indus an großen Feldern vorbei. Immer wieder sieht man, dass die

Felder von künstlichen Bewässerungskanälen durchzogen sind, die viele Kilometer oberhalb dem Indus das kostbare Wasser entnehmen. Kurz nach Shey erreichen wir Thikse.

Auf einem Hügel oberhalb des Dorfes thront das Kloster. Voller Spannung ziehen wir unsere warmen Sachen an, denn am frühen Morgen ist es ganz schön kalt hier oben. Beim Hochsteigen der Stufen zum Versammlungsraum kommen wir schon wieder ganz schön außer Puste. So ganz akklimatisiert sind wir doch noch nicht. Von oben hören wir schon die Gesänge aus dem Gebetsraum. Am Eingang zum Kloster bezahlen wir, wie es üblich ist, ein kleines Eintrittsgeld und gehen gespannt dem Gesang entgegen.

Nachdem wir vor der Halle die Schuhe abgelegt haben werden wir gebeten, auf einer Reihe von Sitzkissen Platz zu nehmen. In der großen Gebetshalle sitzen in drei langen Fluren etwa dreißig Mönche und acht Novizen. An der Stirnseite des Raumes beeindruckt die große Altarfront mit Buddhafiguren, Blumen, Wasser- und Opferschalen. Davor sitzt ein alter Mönch und liest aus den heiligen Schriften vor. Die Wände des Raumes sind mit rotem Stoff beschlagen. Von der Decke hängen türkisfarbene Stoffbänder mit unzähligen goldenen Symbolen und Schriftzeichen. Die alten Mönche in ihren roten Roben nehmen uns kaum zur Kenntnis.

Mehr Aufmerksamkeit haben wir da schon bei den jungen Novizen. Ständig tuscheln sie untereinander. Wenn es zu wild wird werden sie mit einem kurzen Wink von einem der Älteren gestört. Das monotone Murmeln der Gebete und die schräg in die Fenster fallenden Lichtstrahlen der aufgehenden Sonne erzeugen eine wundervolle friedliche Stimmung in dem Raum. Immer wieder wird das Gemurmel untermalt oder unterbrochen vom Erschallen der Hörner oder von großen Trommeln. Plötzlich springen die jungen Novizen auf und laufen kichernd aus der Halle. Nach kurzer

Zeit kehren sie zurück und betreten nach Verstummen der Gebete mit großen Kannen und Eimern den Raum. Unter ihren Sitzkissen zaubern nun die Mönche kleine Schalen hervor. Die Novizen schöpfen aus dem Eimer Gerstenmehl in die Schalen der Mönche. Aus den herbei getragenen Kannen gießen sie Buttertee über die Gerste. Die Mönche mischen nun diese Paste mit den Fingern so lange, bis eine knetähnliche Masse entsteht. Hin und wieder muss Buttertee nachgegossen werden. Nun sitzen die Mönche da und essen das entstandene Tsampa. Wir haben den Eindruck, dass manchen Mönchen das Essen wichtiger erscheint als die vorher gemurmelten Gebete. Die Novizen nutzen die Pause, um sich noch mehr als vorher zu necken. Nach einer extra Runde Buttertee werden die Schalen mit den Fingern gereinigt und verschwinden wieder unter der Matte. Dieser Vorgang wiederholt sich mehrere Male.

Für uns wird die lange ungewohnte Sitzerei fast unerträglich. Heike und ich wissen nicht mehr, wohin mit den Beinen. So langes Sitzen im Schneidersitz ist ja für uns nicht alltäglich. Wir wechseln zwar nun ständig die Sitzposition zwischen Sitzen auf den Knien und Schneidersitz, aber das Einschlafen der Beine und das Brennen der Rückenmuskulatur ist fast nicht mehr zu verhindern. Nach etwa zwei Stunden wird unser stilles Flehen erhört. Die Novizen stehen auf und fegen während der Gebete die Fluren zwischen den Sitzreihen der Mönche. Mit einem Paukenschlag endet die unvergessliche Morgenpuja in Thikse.

Die eingeschlafenen Beine werden erst nach ein paar Kniebeugen im Innenhof des Klosters richtig wach. Nun schauen wir uns in aller Ruhe die Klosteranlage an. Wir bestaunen den Maitreya Tempel, in dessen Mitte die große zweistöckige Figur des Buddha des kommenden Weltzeitalters steht. Nach dem Betreten des Tempels stehen wir auf einer Galerie und schauen direkt in die Augen des großen Buddhas. Auf dem Boden vor der Figur sitzt ein alter Mönch, der uns freundlich begrüßt. Er lädt uns ein, den Tempel genauer anzusehen, was wir natürlich sofort in die Tat umsetzen. Wir umrunden den Buddha im Uhrzeigersinn und bewundern die herrlichen Wandmalereien.

Nach einer kleinen Spende bei dem freundlichen Mönch verlassen wir den Raum und gehen schräg gegenüber in Räume mit vergoldeten Vitrinen, die überfüllt sind mit unzähligen goldenen Figuren. Während wir die Figuren betrachten lauschen wir vergnügt einer italienischen Trekkerin, die versucht einem jungen Mönch Englisch beizubringen. Nachdem er ein paar Worte auf Englisch wiederholt hat, muss sie nun Worte auf Ladakhi wiederholen, was zu einem schallenden Gelächter der Anwesenden und zu einem leichten Schmunzeln im Gesicht des Mönches führt.

Wir steigen weiter Treppen hoch in den Figurenraum, der jedoch gerade renoviert wird. Trotzdem ist der Besuch sehr lohnenswert. Im Halbdunkeln schauen wir den geschickten Restaurateuren über die Schulter. Wir finden es bewundernswert, mit welchem Geschick sie die feinen Linien und Figuren der Wandmalereien nachzeichnen. Es ist sowieso nicht selbstverständlich, dass die Mönche die Restaurierung von alten Gemälden zulassen. In ihrem Glauben ist alles vergänglich, so auch die Wandmalereien in den Klosteranlagen.

Da wir unbedingt den Weg zwischen den kleinen Häusern der Mönche und alten Chörten zurücklegen wollen, haben wir uns mit unserem Fahrer an der Hauptstraße in Thikse verabredet. Steil führt der Weg durch die am Hang verstreuten Häuser. Kurz vor dem Dorf suche ich noch einen schönen Platz, um vom Kloster ein Foto zu machen. Ein alter Mann beobachtet mich und winkt mich zu sich. Kaum habe ich ihn erreicht, gehen seine Blicke sehr neugierig in Richtung meines kleinen digitalen Fotoapparates. Eh ich mich versehen kann hat er die Kamera in seiner Hand und betrachtet die Umgebung auf dem kleinen Display auf der Rückseite der Kamera. Kichernd schaut er mich an und hat seinen Spaß dabei. Die Krönung ist natürlich, als ich ein Bild von ihm mache und er sich in dem kleinen Display betrachten kann. Immer wieder muss ich ein Bild von ihm machen und er betrachtet es umgehend mit einem breiten Grinsen.

Unser Fotoshooting hat ein Ende, als unser Fahrer den Weg aus dem Dorf heraufkommt. Er hat uns wohl schon vermisst und ist uns entgegen gelaufen. Mit viel Gelächter verabschieden wir uns von unserem Fotomodell und laufen zusammen mit unserem Fahrer in Richtung Ortsmitte. Als wir uns umschauen steht der alte Mann immer noch auf der Straße und winkt uns lachend zu. Das sind die Begegnungen, die eine solche Reise so interessant machen. Schade, dass man die Sprache nicht beherrscht und sich mit den Menschen nicht noch mehr austauschen kann. Aber wir haben uns auch so sehr gut verstanden.

Zurück in Leh schlafen wir erst mal zwei Stunden. Das frühe Aufstehen und die Höhe machen doch ganz schön müde. Nach dem Mittagsschlaf wollen wir die Umgebung von Leh zu Fuß erkunden. Wir sind ja schließlich nach Ladakh gekommen, um uns zu bewegen. Von unserer Unterkunft laufen wir nach Chanspa zur Shanti Stupa, von hier aus sind es nur wenige Minuten bis zu den Stufen, die zur Stupa hinaufführen.

Beim Hinaufsteigen merken wir wieder deutlich den fehlenden Sauerstoff, immer wieder bleiben wir stehen. Weniger um die tolle Aussicht auf Leh zu genießen, als die fehlende Luft in den Lungen zu erneuern und den Puls wieder auf normale Werte zu bringen. Es ist schon erstaunlich, wie die Höhe die Leistungsfähigkeit verringert. Zu Hause wären wir bestimmt mehr als doppelt so schnell aufgestiegen. Endlich oben angelangt werden wir belohnt mit einer schönen Aussicht auf Leh. Die Anfang der Neunziger fertig gestellte weiße Stupa bildet den Mittelpunkt des großen Plateaus. Auf zwei Ebenen kann man das fünfzehn Meter hohe Heiligtum umrunden. Auf der obersten stehen in Nischen, die in den vier Himmelsrichtungen angeordnet sind, vergoldete Buddhafiguren. Auf den Wänden der Stupa bewundern wir die auf vielen Steinplatten eingemeißelten Figuren. Jede hat einen anderen Gesichtsausdruck, ist anders gekleidet oder beschreibt eine Szene aus dem Leben Buddhas.

Der Hunger treibt uns wieder in die Stadtmitte. Auf einer Dachterrasse genehmigen wir uns Bratreis und Bratnudeln und schauen bei einer Kanne Minztee dem Treiben auf der Strasse zu. Interessant ist es schon die Menschen hier zu beobachten, die Gegensätze sind so groß. Viele Menschen laufen hier noch in der ursprünglichen Tracht herum und transportieren ihre Ware mit einem Maultier. Andere wiederum sind normal in Jeans und T-Shirt gekleidet und fahren mit einem modernen Jeep vor.

Nach dem Essen spazieren wir noch ein bisschen durch den Ort, bevor wir auf dem Rückweg zu unserer Unterkunft in der Bäckerei einen Mangostrudel und eine Zimtschnecke besorgen. Im Garten unseres Guesthouses sitzen wir noch ein wenig herum, schreiben Tagebuch, verspeisen die Süßigkeiten und genießen die warme Nachmittagssonne. Nun ist Duschen angesagt. Warmes Wasser aus der Leitung gibt es heute Abend keins, jedoch erhalten wir von unserem Gastgeber zwei Eimer heißes Wasser. Das ist richtiger Luxus. Den Abend verbringen wir im Amdo Cafe bei indischem Essen und fried Momos. Nicht schlecht, aber trotzdem nicht ganz unser Geschmack. Leider hat die Bar im Ibex noch geschlossen, so dass wir beschließen, den Tag für Heute ausklingen zu lassen.

Klostertour Trakthok, Chemre, Matho

Wir sitzen im Garten unseres Guesthouses und sind gerade mit dem Frühstück fertig, da kommt schon unser Fahrer vorbei. Mit dabei ist ein junger Ladakhi, etwa Mitte dreißig, mit dunkler Gletscherbrille, sehr modern gekleidet mit Jeans und roter Trekkingjacke. Tundip heißt er, spricht relativ gut Englisch und ist für heute unser Guide. Wir starten in Richtung Kloster Trakthok. Auf halbem Weg sehen wir vor uns eine dunkle Rauchsäule in die Höhe steigen, beim näher kommen erkennen wir den Grund. Hier sind umfangreiche Straßenbaumaßnahmen im Gange. Die Rauchsäule kommt von Feuern, die unter Teerfässern entzündet worden sind, um diesen flüssig zu halten und auf der Straße zu verteilen.

Die Bilder vor uns sind einfach unvorstellbar. Die einzige Maschine auf der Baustelle ist eine mit Dieselmotor betriebene Walze. Wir sehen Männer, die teilweise nur in Lumpen gehüllt sind. Mit Brechstangen werden große Felsbrocken aus der Böschung herausgelöst. Diese werden dann von einem anderen Trupp mit Spaltkeilen zu etwa zwanzig bis dreißig Zentimeter großen Steinen zerkleinert. Ein Teil wird sofort als Straßenunterbau wieder eingebaut. Zum Transport werden sie einfach an ein Seil gebunden, welches an einer Stange befestigt ist, die von zwei Männern auf der Schulter getragen wird.

Die anderen Steine werden mit normalen Hämmern so lange bearbeitet, bis Splitt entsteht. Dieser wird dann mit Schüsseln auf dem Kopf zum Ziel transportiert und dort von drei Männern, die in der Hocke sitzen, mit kleinen Handfegern verteilt. Der Teer wird aus den Fässern mit einer Konservendose, die an eine Stange gebunden ist, herausgenommen und dann in kleinen Mengen auf der zu teerenden Fläche verteilt. Dies alles erfolgt unter ohrenbetäubendem Lärm, stinkigem Qualm und unter Aufsicht von zwei Offizieren. Tundip erzählt uns, dass dies Nepalis sind, die hier als Gastarbeiter im Straßenbau beschäftigt sind. Ladakhis würden sich für diese Arbeiten nicht finden. Schon seltsam, dass es auch hier schon losgeht mit Billigarbeitern.

Die Fahrt geht weiter durch das Industal. Das Dorf Karu liegt etwas oberhalb des Indus und besteht hauptsächlich aus einem Militärposten. Hier muss unser Fahrer seine Lizenz vorzeigen. Unten im Tal sieht man eine kleine Staumauer, an dieser Stelle wird der Indus zur Stromgewinnung angestaut. Über die Staumauer führt eine kleine Straße, auf der wir Morgen zum Kloster Hemis weiterfahren werden. Das Dorf selbst besteht eigentlich nur aus Militärcamps, überall fahren Militärfahrzeuge. Vor den Baracken wird stramm gestanden, exerziert oder die Soldaten hängen herum und warten auf die Ablösung. Karu ist ein wichtiger Punkt für den Nachschub der Truppen, die im Changtang Hochland an der Grenze zu China stationiert sind.

Wir biegen nun links ab, verlassen den Indus und fahren in ein enges Tal zum Höhlenkloster Trakthok. In Deutschland wäre die Straße hier nur als Einbahnstraße zu befahren, hier wundern wir uns immer wieder, dass kein Unfall passiert. Auch an schier unmöglichen Stellen kommen uns Lastwagen der Armee oder andere Fahrzeuge entgegen. Trotzdem kommen wir aneinander vorbei. Man hat das Gefühl, die Fahrzeuge sind aus Gummi und können sich zum passenden Zeitpunkt dünner machen. Da uns das Verfolgen des Verkehrs zu aufregend ist, versuchen wir uns auf das Genießen der Landschaft zu konzentrieren.

Die Straße führt uns schnell höher, und wir erreichen das fünfundvierzig Kilometer von Leh entfernt gelegene Kloster. Etwa einhundert Meter über uns sind die Berghänge mit einem leichten Schneeteppich überzogen, wie Puderzucker. Am Kloster sind wir die einzigen Besucher. Es klebt regelrecht an der über uns liegenden Felswand. Von hier unten sieht man nur ein paar lehmfarbene Ziegelhäuser, die wie Schwalbennester in Vertiefungen der Wände errichtet sind. Beim Besteigen der Treppenanlage zum Eingang werden wir wieder daran erinnert wie hoch das Kloster liegt.

Heike und ich sind noch nie so langsam Treppen heraufgestiegen, Tundip mahnt uns zur Langsamkeit. Wir sollen auf keinen Fall zu schnell gehen, um den Körper bei der Akklimatisierung nicht zu sehr zu überanstrengen. Das Höhlenkloster Trakthok liegt auf über viertausend Metern und ist eines der ältesten Klöster in Ladakh. Im achten Jahrhundert hat der Tantriker Padmasambhava auf seiner Reise nach Tibet in einer Felsenhöhle meditiert. Er reiste damals auf Einladung des tibetischen Königs Trisong Detsen und gilt als der Gründer des Buddhismus in Tibet.

An den Wänden des Innenhofes sind schöne Gemälde zu erkennen, eines davon zeigt den Potala-Palast in Lhasa. Tundip erklärt uns auch ein Lebensrad, welches sich an den Wänden des Innenhofes befindet. Es stellt den ewigen Kreislauf des Lebens dar und ist ein wichtiges Symbol der buddhistischen Meditation.

Das Lebensrad besteht aus vier konzentrischen Kreisen und wird vom Dämon Mara gehalten, der mit einem Tigerschurz bekleidet ist. Im innersten Kreis erkennt man die Symbole von Hass, Gier und Verblendung. Das sind Schlange, Hahn und Schwein, die sich gegenseitig in den Schwanz beißen und so das Rad am Drehen halten.

Der zweite Kreis setzt sich aus zwei Halbkreisen zusammen. Der eine davon ist schwarz, in ihm stürzen von Dämonen verfolgte Lebewesen hinab. Die andere weiße Hälfte ist von aufsteigenden, verdienstvollen Wesen angefüllt.

Der dritte Kreis ist in sechs Felder unterteilt, welche die Welt-Ebenen darstellen. Das sind die Höllenwesen, die hungrigen Geister, die Tierwelt, die Menschenwelt, die Titanen und die Götter.

Im Außenring des Lebensrades sind die verschiedenen Daseinsfaktoren dargestellt, die das Leben jedes Menschen bestimmen. Sie werden als zwölf Glieder einer Kette beschrieben, die den Menschen immer wieder hineinzieht in den Kreislauf von Geburt und Tod. Die einzelnen Glieder sind Verblendung, Tatabsichten, Empfindungsvermögen, Geistiges und Körperliches, die sechs Sinne, Sinneseindruck, Fühlen, Begierde, Ergreifen, Werden, Geburt, Tod und Zerfall. Uns faszinieren immer wieder die Bilder und ihre Bedeutungen. Tundip ist ein hervorragender Erzähler. Es ist zwar sehr anstrengend, seinem etwas holprigen Englisch zu folgen, jedoch entschädigt die lebendige Art seiner Erzählung und sein ständiges Lächeln.

Die Besonderheit des Klosters ist jedoch die Meditationshöhle, in der Padmasambhava meditiert hat. Da die Tür zur Höhle noch verschlossen ist macht sich Tundip auf die Suche nach dem Mönch mit dem Schlüssel. Dieser ist schnell gefunden und begrüßt uns freudig. Wir steigen hinter ihm die steile Treppe zur Höhle hinauf. Während wir unsere Wanderschuhe ausziehen öffnet der Mönch die alten Schlösser an der reich verzierten Eingangstür.

Mit einem großen Schritt über die hohe Schwelle betreten wir die Höhle. Nachdem wir uns an das schummrige Licht gewöhnt haben, erkennen wir mehrere Sitzreihen mit roten Sitzkissen, auf denen während des Gebetes die Mönche sitzen. Die Wände der Höhle sind von den vielen Butterlampen rußgeschwärzt, es herrscht eine richtig mystische Stimmung. Etwas kitschig wirkt auf uns die Beleuchtung des Altarschrankes mit farbigen Glühbirnen. Der Strom kommt von einem Solarmodul, welches wir auf einem der Dächer schon beim Betreten des Klosters gesehen haben. Hier hat die Zivilisation also schon Einzug gehalten.

Gesprochen wird in der Höhle nicht. Nachdem wir uns umgeschaut haben sehnen wir uns nach der wärmenden Sonne, denn unsere Füße sind durch den nackten Felsboden schon ganz kalt. Wir verlassen diesen geheimnisvollen Ort.

Die Versammlungshalle gleicht der des Klosters in Thikse, sie ist jedoch um einiges kleiner. Auch hier gibt es die Sitzkissenreihen der Mönche. Die Wände sind mit einer Vielzahl von Bildern übersäht, Tundip erklärt uns die vielen Bedeutungen und Namen. Für einen europäischen Nichtbuddhisten ist es jedoch unmöglich, sich die vielen unterschiedlichen Namen zu merken.

Die Besichtigung der Bibliothek bildet den Abschluss unseres Besuches im Kloster Trakthok. Es handelt sich um einen sehr dunklen Raum, der voll gestellt ist mit dunklen Holzregalen. In den Fächern liegen die Bücher in farbenprächtigen orangenen Stoff eingeschlagen. Die Bücher sind nicht wie bei uns mit einem Einband versehen, sondern bestehen aus einem Stapel länglicher Blätter, die mit Stoff umwickelt und dann mit einem Brett beschwert werden. Uns würde brennend der Inhalt der Bücher interessieren, doch leider bleibt dies das Geheimnis der Mönche.

Wir verlassen das Kloster und wandern mit einem kleinen Umweg hinunter zum Dorf Sakti. Das Dorf gleicht einer Oase. Die grünen Terrassenfelder heben sich deutlich vom Braun der umliegenden Geröllfelder und Bergflanken ab. Am Ortsausgang erwartet uns schon unser Fahrer. Außer uns ist kein Tourist weit und breit zu sehen, wir sind scheinbar früh genug unterwegs.

Nun fahren wir auf der Straße, auf der wir gekommen sind talabwärts. Nach ein paar Kilometern erhebt sich zu unserer Rechten, auf einem Geröllkegel oberhalb eines Dorfes, das Kloster Chemre. Heute leben hier etwa siebzig Mönche. Die Straße windet sich in engen Serpentinen hoch zum Kloster. Außer uns ist auch hier nur eine kleine fünfköpfige Gruppe von Franzosen da.

Am Eingang wird gerade von Bewohnern des Dorfes eine neue Stützmauer errichtet. Unser Erscheinen bietet ihnen eine willkommene Abwechslung, sofort wird die Arbeit eingestellt und jeder unserer Schritte wird genau beobachtet. Die Arbeitsgeräte der Leute sind sehr abenteuerlich. In geflochtenen Körben werden von den Frauen kleine Kieselsteine bis hin zu großen zirka dreißig Kilogramm schweren Findlingen aus dem Flussbett hoch an die Stützmauer getragen. Die Männer schaufeln den Kies zu zweit: einer hat die Schaufel in der Hand und sticht diese in den Sand. Ein zweiter steht ihm gegenüber und zieht an einem Seil, welches unten an der Schaufel befestigt ist. Um besser am Seil ziehen zu können sind alle zwanzig Zentimeter Knoten hinein gebunden. Mit Schwung wird nun die Schaufel durch diese zwei Personen in die richtige Richtung geschleudert. In Deutschland unvorstellbar, dass sich zwei Personen eine Schaufel teilen.

Die Sonne scheint inzwischen so intensiv und die frisch gestrichenen weißen Wände des Klosters reflektieren das Licht so stark, dass wir unsere Gletscherbrillen auspacken müssen. An den Wänden des Innenhofes sehen wir wieder das uns bekannte Lebensrad und verschiedene Bilder von Dämonen.

Über steile Treppen geht es hinauf in den großen Gebetsraum, dieser ist etwa fünfzehn Meter lang und zehn Meter breit. Die Decke ruht auf reichlich mit Schnitzereien verzierten Holzpfeiler und an der Stirnseite steht ein großer goldener Buddha hinter einer dünnen Glasscheibe. Davor stapeln sich Berge von Opfergaben, Schalen mit Wasser, Bierflaschen als Blumenvase für frische Blumen, Gemüse, Reis, Kerzen und Geldscheine. Das sind nur ein paar Dinge, welche wir im Schein der Butterlampen erkennen können. Die Wände sind voll mit Malereien aus der buddhistischen Lehre. Sie erzählen Geschichten und mahnen die Menschen zu einem bescheidenen Leben. Buddha wird in seinen vielen Daseinsformen gezeigt. Um jede Einzelheit zu erkennen könnte man sich tagelang hier aufhalten. Tundip ruft uns schon wieder zum Weitergehen. Auf der Terrasse des Daches machen wir noch ein paar Fotos und besichtigen beim Durchqueren der alten Mauern auch hier die Bibliothek. Sie unterscheidet sich nicht von der zuvor besuchten im Kloster Trakthok.

Gerade als wir das Kloster verlassen wollen spricht uns ein Mönch an und zeigt uns noch seine bescheidene Mönchswohnung. Es ist ein Raum von etwa zwei auf drei Metern. An einer Wand steht ein kleiner Schrank, in dem diverse Schüsseln und Kochutensilien untergebracht sind. In der Mitte des Raumes befindet sich ein kleiner Ofen, der ausschließlich zum Kochen da ist und nicht zum Heizen, dafür ist Holz hier oben zu wertvoll. Dahinter, in einer Ecke, befindet sich der Schlafplatz. Hier liegt eine kleine Strohmatte, die so dünn ist, dass man sich nicht vorstellen mag, wie man darauf schläft. Das Fenster wird nur durch ein dünnes, verbogenes und trübes Glas verschlossen, Fensterkitt gibt es hier keinen. Das Glas ist mit kleinen Nägeln im Rahmen befestigt. Kaum vorzustellen, wie es hier im Winter bei minus dreißig Grad auszuhalten ist.

Voll gestopft mit all diesen Eindrücken fahren wir zurück ins Tal des Indus, um uns noch das Kloster Matho anzuschauen. Vor Leh überqueren wir den Indus und fahren zu dem hoch am Berg liegenden Kloster. Vor dem Kloster steht ein großes Steinhaus, welches als Reislager verwendet wird. Die Bevölkerung spendet hier einen Teil Ihrer Ernte an die Mönche. Diese beten im Gegenzug für eine gute Ernte und Glück für die Familie. Im Winter dient dieses Lager den Mönchen als Nahrungsquelle.

Das Kloster ähnelt von den Räumen sehr den anderen, hat aber durch seine flacheren Gebäude eine andere Ausstrahlung. Vor dem Gebetsraum der Mönche betrachten wir die Eingangstüre. Sie ist verziert mit einem schwarzen Rahmen und weißen Zeichen. Der Mönch erklärt uns, dass es sich hierbei um mongolische Schriftzeichen handelt. Als Schrift hätten wir diese wirklich nicht ausgemacht.

Irgendwie sind wir dem Mönch sehr sympathisch, denn er lädt uns ein, etwas ganz Besonderes zu sehen. Neugierig folgen wir ihm bis auf das Dach des Gebäudes. Vor einer kleinen Tür kramt er in seiner Tasche und bringt einen riesigen Schlüssel hervor. Während er die Tür aufsperrt gibt uns Tundip ein Zeichen, dass wir unsere Schuhe ausziehen sollen. Schnell sind diese ausgezogen und wir folgen dem Mönch in den dahinter liegenden dunklen Raum.

Wir stehen im Gonkhang, dem Tempel der Schutzgottheiten. Normalerweise ist es Fremden verboten diesen Raum zu betreten, vor allem Frauen ist dies untersagt. Trotzdem darf auch Heike in den Raum eintreten. Es herrscht eine mystische Stimmung hier in dieser Kammer. In der Mitte steht ein kleiner Tisch auf dem Gebetsblätter liegen, die mit einem silbernen Donnerkeil beschwert sind. Von den Dachluken dringen ein paar Sonnenstrahlen schräg in den Raum hinein. Deutlich sieht man in diesen Strahlen den Staub, der in der Luft liegt. Nur langsam erkennen wir ein Regal an der Stirnseite des Raumes.

Der Mönch fordert uns auf näher zu kommen. Nun erkennen wir, dass hier sehr schöne goldene Buddhafiguren stehen. Durch den Ruß der Butterlampen sind sie jedoch total schwarz geworden. Laut Aussage des Mönches sind manche Figuren mehr als achthundert Jahre alt. An den Holzbalken des Lichtschachtes an der Decke hängen alte Dämonenmasken. Am Eingang hinter der Tür steht ein ausgestopftes Yak und eine Reihe von Speeren und Messern, die bei dem alljährlich im Frühjahr stattfindenden Orakelfest verwendet werden.

Bei diesem Fest verwandeln sich zwei Mönche in die zornvollen Schutzgottheiten Rongtsan. Beim Höhepunkt des Festes behängen sich die Mönche in Trance mit diesen Messern und Sperren und schneiden sich tiefe Wunden in die Zunge. Die Wunden sollen nach einer Stunde völlig verheilt sein.

Vom Dach aus genießen wir die schöne Aussicht auf das Industal. Hinter uns erhebt sich die mehr als fünftausend Meter hohe Zanskarkette. Nicht weit von uns im Bergschatten liegt noch Schnee, auch die Hänge über uns sind vom Schnee der Nacht leicht gepudert.

Wir verabschieden uns von dem freundlichen Mönch und fahren die engen Serpentinen hinab ins Tal. Unterhalb des Klosters besuchen wir noch die Klosterschule. Hier werden Waisenkinder von den Mönchen unterrichtet. Eine Klasse sitzt draußen im Freien in der Spätnachmittagssonne. Im Lotussitz mit einem Buch auf ihren Knien lauschen die Kinder den Worten ihres Lehrers.

Als wir bei ihnen vorbeigehen klingt uns ein freundliches Julee im Chor entgegen. Wir grüßen freundlich mit einem Julee zurück und nachdem die Kinder ausgekichert haben vertiefen sie sich schon wieder in ihren Büchern. Natürlich werden wir immer noch aus den Augenwinkeln beobachtet. In einem anderen Raum sitzt zu unserer Verwunderung ein sehr westlich aussehender Mann vor seiner Klasse. Hier werden wir mit einem freundlichen „Welcome" begrüßt. Der Lehrer ist Engländer und unterrichtet hier in seiner Freizeit drei Monate die Kinder in Englisch.

Nun werden wir vom Schulleiter begrüßt, der uns auf einen Tee in die Klosterküche einlädt. Ein Novize wird zum Wasserholen losgeschickt und das Wasser wird auf einem kleinen Kerosinbrenner erhitzt. Schnell ist eine Tasse Tee für uns gezaubert. Der Schulleiter ist ein aufgeweckter Mann Mitte vierzig und spricht sehr gutes Englisch. So unterhalten wir uns bestimmt eine Stunde über die Schule und das Leben hier in Ladakh.

Immer wieder kommen Novizen in die Küche, um uns Fremde genauer zu betrachten. Wenn man sie nach ihrem

Namen fragt laufen sie aber meist kichernd hinaus. Nachdem wir eine kleine Spende in die Klosterkasse getan haben verabschieden wir uns von den Kindern, die uns noch lange nachwinken und fahren zurück nach Leh. Die Sonne steht schon tief und taucht das Tal in ein schönes rotgelbes Licht.

In Leh schreiben wir im Garten unseres Guesthouses noch unser Tagebuch und genehmigen uns zum Abschluss im Dreamland ein schönes indisches Curry. Todmüde fallen wir an diesem Abend ins Bett. Nachts hören wir zwar wieder den Muezzin, jedoch hat sich unser Körper etwas an die Höhe gewöhnt, sodass wir mal wieder richtig tief schlafen.

Klosterfest in Hemis

Heute geht es früh los, denn wir fahren zum Klosterfest in Hemis. Auf der Straße nach Karu bemerken wir schon, dass heute etwas mehr los ist als am Tag zuvor. Die Straße ist überfüllt mit voll gestopften Bussen, LKWs, auf deren Ladeflächen heute Pilger in Trachten transportiert werden, und vor allen Dingen jede Menge Jeeps mit Touristen. Alle Touristen, die zu dieser Zeit hier in Ladakh unterwegs sind, scheint es heute nach Hemis zu ziehen. An der Kontrollstelle in Karu dürfen wir an der langen Reihe wartender einheimischer Fahrzeuge vorbeifahren. Danach folgen wir der steilen Straße, die zum Kloster hinaufführt. Unterwegs überholen wir Mofas, Pferdekarren und Busse, die zum Teil heillos mit Personen überladen sind.

Die Straße führt steil, in engen Serpentinen das Tal hinauf. Vom Kloster ist von hier unten noch nichts zu sehen. Lediglich die vielen langen weißen Mani Mauern und Chörten entlang der Straße zeigen an, dass hier keine gewöhnliche Straße ist. Die Abgeschiedenheit des Klosters ist auch ein Grund, warum es im Laufe der Geschichte von Plünderungen verschont wurde und vieles von seinem Reichtum erhalten ist. Kurz vor dem Ort Chomoling geht nun nichts mehr, die Straße ist total verstopft.

Wir stehen in einer nicht mehr endenden Blechkarawane, ähnlich unseren Staus auf der Autobahn. Nach einer viertel Stunde entscheiden wir uns, den Rest des Weges zu Fuß weiterzugehen. Der Fahrer soll uns am Nachmittag vor dem Kloster wieder abholen kommen.

Am Straßenrand haben sich Händler aufgestellt, die ihre Waren anpreisen. Von Gebetsmühlen, Gebetsfahnen, Perlenketten in allen Variationen bis hin zu chinesischem Spielzeug ist alles dabei. Dazwischen werden auf Kerosinbrennern Speisen für die große Anzahl der Pilger zubereitet. Viele Pilger kommen in ihren Trachten. Ein paar Frauen haben sogar den imposanten Perak angelegt. Dies ist ein Stück Leder, das vom Kopf bis über den Rücken reicht. Meist mit rotem Samt belegt und darauf werden Türkise befestigt. Je nach Menge und Größe der Türkise erkennt man den Reichtum der Familie. Es handelt sich um Erbstücke, die jeweils bei der Hochzeit der Tochter weitergegeben werden.

Am Ende des Ortes erreichen wir nun den Klosterkomplex. Am Eingang müssen wir zunächst wie alle Touristen unseren Eintritt zahlen, für Einheimische ist der Eintritt frei. Hinter dem großen Eingangstor steht die größte Gebetsmühle von Ladakh. Hier stauen sich schon die Pilger, um einmal die große Gebetsmühle zu umrunden und sie anzutreiben.

Aus dem Halbdunkel der dicken Außenmauern treten wir auf den großen Klosterhof. In der Mitte des Hofes steht ein großer bunter Fahnenmast, um diesen herum ist eine Fläche mit Seilen abgetrennt. Dort werden heute die Maskentänze aufgeführt. Um später eine gute Übersicht über die Tänze zu haben, ergattern wir uns einen Platz mitten zwischen Einheimischen unter dem überdachten Rundgang des Klosterhofes. Hier im Schatten und genau gegenüber der Eingangstür zu den Klosterräumen können wir die Tänze später gut beobachten.

Es herrscht ein quirliges Treiben von Einheimischen und Touristen. Jeder versucht, einen möglichst guten Platz zu bekommen. Viele Dächer und Balkone der umliegenden Gebäude sind reserviert und nur den großen Reisegruppen vorbehalten. Dort stehen Plastikstühle und es werden schon Getränke und ein kleiner Imbiss von den Reiseleitern gereicht. Wir fühlen uns jedoch hier zwischen den Einheimischen sehr wohl. Die Mönche müssen immer wieder Touristen, die vorne keinen Platz mehr bekommen haben und sich einfach in die abgesperrte Fläche setzen, regelrecht hinauswerfen und auf die hinteren Plätze verweisen. Dies führt bei manchen zu keineswegs freundlichen Reaktionen.

Einige bemerken scheinbar gar nicht, dass man hier Gast ist und sich auch als solcher benehmen muss. Viele sehen nur das ultimative Fotomotiv und nehmen keine Rücksicht auf die Empfindungen der anwesenden Pilger. Wie wir vor Ort erfahren sind die vielen Touristen, vor allem solche, die sich nicht benehmen können der Grund, warum inzwischen einige Einheimische dem Fest fernbleiben.

Maskentänze haben in den Klöstern Ladakhs eine lange Tradition. Kaum ein Kloster welches nicht einmal im Jahr ein solches Fest feiert. Inhalt und Bedeutung ist der Sieg des Buddhismus über die Bön – Religion und die Verehrung des Tantrikers Padmasambhava, der im achten Jahrhundert den Buddhismus in Ladakh verbreitete.

Ein lautes Trompeten aus überlangen kupfernen Hörnern schallt über den Klosterhof. Aus dem Haupteingang zum eigentlichen Klostergebäude kommt ein junger Mönch mit einer großen roten Mütze, ähnlich die eines Bischofs. Gefolgt von zwei weiteren Mönchen mit einem Blasinstrument, welches einer Klarinette gleicht. Sie tragen hellgelbe, aufwändig bestickte Gewänder. Im Takt der sehr eintönigen Musik überqueren sie den Platz und reihen sich zwischen anderen Musikern ein, die unter dem Rundgang des Klosterhofes stehen. Die Pilgerin neben mir stößt mich ganz aufgeregt am Arm und zeigt in Richtung Klostereingang.

Dort erscheinen nun die ersten Tänzer mit Masken, sie tragen farbenfrohe Umhänge in blau und lila. Die Gewänder sind reich mit goldenen Mustern bestickt. Zentrum aller Muster ist ein auf der Brust mit weißem Garn aufgestickter Totenkopf. Auf dem Kopf tragen die Tänzer große schwarze Hüte mit breitem weit überstehendem Rand. Begleitet werden Sie von Mönchen in roten Gewändern mit goldenen Masken ähnlich dem Gesichtsschutz von Gladiatoren in Rom. In der einen Hand läuten sie mit einer kleinen Glocke und in der anderen tragen sie eine kleine Trommel. Durch kurze Drehung der Hand werden immer wieder die an der Trommel befestigten Klöppel auf die Bespannung geschlagen. Die Tänzer bewegen sich langsam im Uhrzeigersinn um den Fahnenmast in der Mitte des Platzes.

Nachdem sie wieder ins Kloster zurückgetanzt sind betreten nun dämonenhafte Gestalten den Platz. Diese tragen die wohl aufwändigsten Masken. Sie sind etwa doppelt so groß wie der Kopf des Tänzers. Es gibt blaue Dämonen mit drei Augen und übergroßen vorstehenden Zähnen. Bei manchen hängt eine Zunge, die eine gierige Schleckbewegung andeutet, weit aus dem Mund. Auf den Maskenköpfen ist ein Totenkopf befestigt. Die Füße, um die Schellen gebunden sind, werden von allen Tänzern rhythmisch eingesetzt, sodass zusammen mit den erklingenden Hörnern, Trompeten und Trommeln eine Furcht erregende Geräuschkulisse entsteht. Einige Kinder der Einheimischen neben uns flüchten sich unter den Rockzipfel ihrer Mütter. Nachdem stundenlang die verschiedenen Maskentänzer aufgetreten sind zeigt eine laute Trompete eine Pause an.

Die Einheimischen nutzen die Pause, um ihre Taschen zu öffnen und Brotzeit zu machen. Wir wollen die durch das lange Sitzen im Schneidersitz eingeschlafenen Beine und versteiften Rücken etwas bewegen und gehen auf das Dach des Klosters, was aber nicht unbedingt einfach ist. Denn eine große Zahl von Pilgern will ebenfalls über die engen Treppen der Klosteranlage hinauf in einen der Gebetsräume des Klosters.

Es herrscht ein schon fast chaotischer Zustand. Da gibt es Pilger, die fast in Trance mit Gebetsmühlen in der Hand durch das Kloster laufen. Bei anderen hat man den Eindruck, dass es sich um einen vergnüglichen sonntäglichen Familienausflug handelt. Es wird viel gelacht und gebetet. Nichts scheint verboten und vieles erlaubt. In Kirchen bei uns ist ein solches Verhalten nicht vorstellbar.

Vom Dach des Gebäudes hat man eine schöne Aussicht über die große Klosteranlage. Neben dem Hauptgebäude stehen die vielen kleinen weiß gekalkten Wohnungen der Mönche. Wie Schwalbennester kleben sie am steilen Hang. Richtung Tal erkennt man im Flimmern der Mittagssonne die vielen Autos, die entlang der Hauptsstraße geparkt haben.

Vor dem Kloster versuchen die Händler ihre Waren an den Mann und die Frau zu bringen. An den Essensständen wird fleißig gebrutzelt, der aufsteigende gute Duft erinnert uns daran, dass auch wir noch nichts gegessen haben. In einer ruhigen Ecke machen wir eine kleine Brotzeit mit leckerem Brot und etwas Obst, dass wir früh morgens schon in Leh gekauft hatten.

Mit dem Dröhnen von Hörnern wird der zweite Teil der Maskentänze eingeläutet. Für uns sind eigentlich nur noch die verschiedenen Gewänder und Masken interessant. Durch die monotone Musik, mit der die Tänze untermalt werden, wirkt auf uns vieles ähnlich. Wobei sicher jeder Auftritt und jede Bewegung ihre Bedeutung haben. Immer wieder erscheinen Tänzer mit aufwändigen Kostümen und Gewändern, teilweise erahnt man an ihrem Zustand das hohe Alter der Kostüme.

Müde vom langen Sitzen auf dem Boden verlassen wir am späten Nachmittag das Kloster und warten am Straßenrand auf unseren Fahrer. Dieser kommt tatsächlich überpünktlich zum vereinbarten Treffpunkt. Angefüllt mit den vielen Eindrücken, die wir heute aufgenommen haben, fahren wir zurück nach Leh, wo wir nach einem schönen Abendessen auf dem Dach eines kleinen Restaurants unsere Rucksäcke packen und schnell schlafen gehen. Denn morgen werden wir Richtung Likir aufbrechen.

Auf nach Likir

Der Wecker reißt uns unsanft aus dem Schlaf. Nach den paar Tagen in dieser Höhe konnten wir endlich wieder tief und fest durchschlafen, unsere Körper haben sich scheinbar an die Höhe gewöhnt. Der Ruhepuls in der Nacht ist bei weitem nicht mehr so hoch wie zu Beginn unserer Reise. Die Rucksäcke sind schnell fertig gepackt und nicht benötigte Kleider etc. deponieren wir im Guesthouse. Wir wollen ja auf unserem Trekking nicht unnötigen Ballast mitnehmen. Nach dem Frühstück kommt wie immer pünktlich unser Fahrer. Es ist der gleiche, der uns schon seit Tagen hier herumfährt. Das passt uns auch ganz gut, denn er fährt sehr gesittet.

Nun verlassen wir Leh in der anderen Richtung. Am Flughafen vorbei geht es nun die nächsten Stunden entlang des Indus nach Alchi. Die Straße führt meist ein paar Meter oberhalb des Flusses entlang. Wenn ein Auto entgegenkommt, fahren wir auf der engen Straße sehr dicht an die Böschung des Steilhanges zum Indus. Viel denken darf man bei diesen Situationen nicht. Am Besten, man versucht sich voll und ganz auf die Landschaft zu konzentrieren.

Nach dem Ort Spituk steigt die Straße steil an und wir verlassen die enge Schlucht. Die Straße führt weiter durch ein schier endloses ausgetrocknetes Hochplateau. Hier oben wächst kein Strauch, kein Baum mehr, nur Steine und Geröll. Die Straße ist ab jetzt nur noch einspurig. Wenn Fahrzeuge entgegenkommen müssen beide die schmale Asphaltdecke verlassen und mit einem Reifen über das Schotterbankett fahren.

Nach etwa dreißig Kilometern steht mitten im Nichts hinter einem kleinen Hügel ein in Lumpen gehüllter Arbeiter mit einer Flagge. Wegen einer Baustelle müssen wir einige Zeit stehen bleiben. Wir steigen aus dem Jeep und sehen, dass die Straße hier steil ins Tal des Indus zurückführt. Sie durchquert hier an dieser Stelle riesige Geröllfelder. Eines dieser Felder ist scheinbar im Frühjahr abgerutscht und hat die Straße mit in die Tiefe gerissen. Nach etwa fünfzehn Minuten dürfen wir weiterfahren. Die Straße ist nur notdürftig mit riesigen Raupenfahrzeugen in das Geröll gedrückt worden und nicht weiter befestigt worden. Wir sind froh, dass wir heil hier durchgekommen sind.

Etwa fünf Kilometer vor Nimmu legen wir noch einen Fotostopp ein. Tief im Tal unter uns liegt der Zusammenfluss von Indus und Zanskar, ein tolles Bild. Von links eine tiefe Schlucht mit dem tiefgrünen Wasser des Indus und aus dem Tal vor uns mit dahinter liegenden schneebedeckten Bergen das dunkelbraune Wasser des Zanskar. Wie in einem riesigen Amphitheater liegt vor uns dieser Zusammenfluss.

Das Farbenspiel der verschiedenen Wasser ist einzigartig. In großen Strudeln vermischen sich hier die beiden Flüsse, um dann als ein etwas hellerer brauner Fluss weiter zu fließen. Obwohl der Zanskar größer ist als der Indus bleibt der Name Indus erhalten. Er fließt dann noch weiter nach Pakistan, um als mächtiger Fluss ins arabische Meer zu münden.

Immer wieder führt die Straße an Kontrollstellen des Militärs vorbei. Da wir alleine in einem Jeep unterwegs sind und nicht in einem öffentlichen Fahrzeug brauchen wir meist nicht anzuhalten. Kaum erkennen die Soldaten, dass hier Touristen an Bord sind werden wir an den wartenden Fahrzeugen vorbei gewunken.

Etwa zwei Kilometer nach Saspol erreichen wir eine schmale, mit Gebetsfahnen zugehängte Brücke, die über den Indus nach Alchi führt. Im Gegensatz zu den anderen Dörfern in Ladakh liegt es nicht steil an den Hängen eines Berges, sondern inmitten eines kleinen Waldes am Ufer des Indus. Auch das Kloster überragt nicht das Dorf, sondern liegt als tiefster Punkt unmittelbar am Flussufer. Durch den fruchtbaren Boden und die Möglichkeit, ihre Felder mit dem Wasser des nahen Indus zu bewässern, ist es hier ungewöhnlich grün für Ladakh. Überall entlang der Straße und in den Gärten blühen die Blumen. Dies tut richtig gut nach so viel brauner, lebloser Hochgebirgswüste. Jetzt wissen wir auch, warum so viele Individualisten hier für ein paar Tage ausspannen.

Am Dorfplatz lassen wir das Auto stehen und folgen den Hinweisschildern zum Kloster. An einer Wegkreuzung fehlt ein Hinweisschild und so laufen wir, wie wir später feststellen, genau in die falsche Richtung und erreichen das Kloster am Nebeneingang direkt am Flussufer. Das tausend Jahre alte Kloster Alchi ist bekannt für seine Wandmalereien, sie zählen zu den bedeutenden Malereien im Himalaja. Nach dem Betreten der Tempelgebäude steht man zunächst im Dunkeln.

Eine kleine Taschenlampe, die wir uns heute eingesteckt haben, bringt jedoch schnell den ersehnten Durchblick. Die Wände sind mit einer Vielzahl von Geschichten bemalt. Uns fasziniert die Genauigkeit mit der die Gesichter und Gewänder der dargestellten Personen gemalt wurden. Vielen Zeichnungen hat leider der Zahn der Zeit stark zugesetzt, zum Teil sind sie durch die Butterlampen im Innern der Tempel rußgeschwärzt, oder Regenwasser hat Teile der Darstellungen unkenntlich gemacht. Interessant ist, dass wir nicht ein Gesicht finden, das einem anderem gleicht, wahre Künstler waren hier am Werk.

Kurz bevor wir die Räume verlassen wollen betritt eine Gruppe von europäischen Meditationsschülern den Raum. In Ladakh gibt es einige Schulen, die sich auf solche Urlauber eingestellt haben. Jedoch finden wir das Verhalten dieser Gruppe total unpassend. Sie schreiten wie Gespenster um die Heiligtümer und berühren alles mit dem Kopf und verdrehen dann die Augen. Wie in Trance schweben sie durch den Raum, das Ganze wirkt irgendwie lächerlich.

Sogar der anwesende Mönch mustert die seltsame Truppe und kann sich ein breites Grinsen in unsere Richtung nicht verkneifen. Vor der Tür stehen noch ein paar Leute dieser Gruppe und reiben sich an den Pfosten der Tempelanlage. Mir scheint es, dass hier einige total zugekifft sind. Na ja, es muss jeder nach seiner Fasson glücklich werden.

Da wir ja von unten die Klosteranlage betreten haben, bezahlen wir den Eintritt bei einem freundlichen Mönch vor dem Betreten eines weiteren Gebäudes. Hier in Alchi leben nur noch fünf Mönche, Versammlungen und spirituelle Handlungen werden kaum mehr durchgeführt. Alchi ist eigentlich mehr ein Museum als eine lebende Klosteranlage.

Im letzten Gebäude vor dem Haupteingang spricht uns ein sehr alter Mönch an. Obwohl die Unterhaltung recht schwierig ist, da er nur sehr wenig Englisch spricht fragt er uns ein Loch in den Bauch. Er möchte alles von uns wissen, Alter, Herkunft, Anzahl der Kinder, am liebsten alles auf einmal. Er lebt schon recht lange hier und führt uns durch den Raum.

Vor dem Verlassen des Raumes müssen wir auf Geheiß des Mönches eine Butterlampe entzünden. Immer wieder lacht er uns an und sagt „Lucky, Lucky". Mit einer solchen Opfergabe kann ja nichts mehr schief gehen bei unserem bevorstehenden Trekking und dem weiteren Verlauf unserer Reise.

Am Dorfplatz wartet schon unser Fahrer. Bevor wir jedoch weiterfahren genehmigen wir uns in einem der kleinen Läden eine Flasche Wasser und beobachten die Bauern und Händler auf dem Marktplatz. Zunächst geht es zurück zum Indus und etwa zwanzig Kilometer die Hauptstraße zurück in Richtung Leh. Dort zweigt die schmale Stichstraße nach Likir ab. Wir fahren nicht sofort hinauf zum Kloster, welches hoch oben am Berg zu sehen ist, sondern beziehen erst unser Quartier im Dorf.

Im Gaph Chow Guesthouse werden wir sehr freundlich durch die Tochter des Hauses begrüßt. Sie spricht relativ gut Englisch und zeigt uns die Zimmer. Es ist alles sehr einfach, sieht sehr aufgeräumt und sauber aus und so fällt es uns auch nicht schwer zu bleiben. Zur Begrüßung bringt die Mutter eine große Kanne Tee. Wir setzen uns auf die Terrasse zum Garten und genießen die himmlische Ruhe.

Da morgen unser Treck losgeht, beschließen wir noch eine kleine Wanderung zum Kloster Likir zu unternehmen. Der kleine Pfad oberhalb des Dorfes führt uns über große Geröllfelder durch ein breites Tal und steigt stetig immer höher Richtung Kloster, welches wir ständig vor uns auf einer Anhöhe sehen können. Immer wieder laufen wir an kleinen Chörten vorbei. Sie erinnern uns ein wenig an die Kreuzwege in der christlichen Welt.

Wir queren einen kleinen Bach und steigen die letzten zwanzig Minuten durch Terrassenfelder steil zum Kloster hinauf. Wir sind die einzigen Fremden, die hier oben unterwegs sind. Nur ein paar Bauern stehen auf den Feldern und lassen durch geschickte Spatenstiche das Wasser des Baches durch kleine Kanäle in ihre Felder fließen.

Oben am Kloster bestaunen wir die grandiose Aussicht auf die umliegenden Berge. Von hier oben erkennen wir erst, wie viele Höhenmeter wir in der letzten Stunde zurückgelegt haben, das Dorf Likir liegt weit unter uns im Tal. Die Suche nach einem Mönch mit dem Schlüssel für das Kloster ist leider erfolglos und so begnügen wir uns mit dem schönen Klosterhof und der übergroßen goldene Buddhastatue, welche neben der Klosteranlage steht.

Ein majestätischer Anblick ist die cirka dreistöckige goldene Statue neben den alten Gebäuden der Klosteranlage und den dahinter liegenden schneebedeckten Bergen. Da es nun schnell dämmrig wird und wir unsere Taschenlampen nicht dabei haben, steigen wir schnell ab zurück nach Likir zu unserem Guesthouse.

Beim Abendessen sind wir nicht mehr die einzigen Gäste. Eine Gruppe Franzosen ist mit ihren Trägern und Reiseführern angekommen. Unser Abendessen ist sehr lecker, es gibt einen schönen Tomatensalat, eine Gemüsesuppe und ein Weißkohl – Tomaten Curry mit Reis und Daal. Den Salat bieten wir den nepalesischen Reiseführen der Franzosen an. Sicher ist sicher, denn morgen möchten wir nicht den ganzen Tag auf der Toilette verbringen.

Wir sitzen noch lange mit den Franzosen und Nepalis zusammen. Interessant ist, dass die Nepalis die französischen Lieder, die angestimmt werden, besser beherrschen und mehr Strophen kennen, als die Franzosen selbst. Als wir in einer kleinen Pause ein Resham Firiri, ein nepalesisches Volkslied, anstimmen, haben wir die Sympathie der Nepalis voll auf unserer Seite.

Wir sitzen noch bis spät in die Nacht mit ihnen zusammen und diskutieren die politische Situation in Nepal. Sie erzählen uns auch, dass sehr viele Nepali hier in Ladakh als Koch oder Guide arbeiten und dass die Besucherzahlen in Nepal durch die maoistischen Anschläge sehr stark zurückgegangen sind. Nach so viel Nepal gehen wir mit dem festen Wunsch ins Bett, dass uns unser nächster Urlaub wieder nach Nepal führen wird.

Altstadt von Leh mit Königspalast

Maskentanz während des Klosterfestes in Hemis

Kloster Thikse

Mönche bei einer Morgenpuja im Kloster Thikse

Ladakhische Frau

Tal bei Likir

Unser Eselführer beim Aufstieg zum Meptek La

Mani Steine

Zusammenfluß von Indus und Zanskar

Tal unterhalb von Lamayuru

Der höchste befahrbare Pass der Welt (Khardung La 5606 m)

Nubra Tal

1. Trekkingtag Likir - Yangthang

Heute geht es endlich los mit unserem Trekking. Während die Franzosen von ihrem eigenen Koch das Frühstück zubereitet bekommen und vor den Zelten essen, werden wir in die gute Stube der Gastgeber eingeladen. An der Tür ziehen wir die Schuhe aus und betreten den großen Raum. „Tashi Delek" ruft uns die Mutter zu und weist uns auf zwei Kissen hinter einem kleinen, etwa zwanzig Zentimeter hohen Tisch.

Zu unserer Linken steht ein großer Hausaltar, wie er in den meisten ladakhischen Häusern zu finden ist. Ein paar Blumen und kleine Schalen mit Wasser für Buddha stehen darauf. Er gleicht mit seiner Form etwa einem Kachelofen in Deutschland. Im Schneidersitz beobachten wir Mutter und Tochter, wie sie uns ein paar Brotfladen und ein Omelette zubereiten. Da wir uns unterwegs nichts zum Essen kaufen können, bekommen wir noch eine liebevoll ausgestattete Lunchbox mit Marmeladen - Chapati, Eiern, Kartoffeln und Salz mit auf den Weg.

Gegen neun Uhr kommt unser Pony-Man mit zwei Eseln. Er heißt Shiri und ist uns direkt sympathisch. Shiri ist ein kleiner etwas untersetzter Mann um die Mitte vierzig. Er trägt einen grauen abgewetzten Rollkragenpulli, eine graue Stoffhose und ganz normale schon mehrmals geflickte Straßenschuhe. Geschickt verstaut er unsere großen Rucksäcke auf dem Rücken seiner zwei Esel. Ein Wunder, dass sie die Rucksäcke nicht dauernd unter dem Bauch hängen haben.

Nach einer herzlichen Verabschiedung von unseren Gastgebern brechen wir auf zu unserem Treck. Endlich! Zunächst wandern wir die unbefestigte Straße durch das Dorf nach Westen. Dann steigen wir ein kleines Tal hinab, überqueren den Bach, den wir am Tag vorher schon unterhalb des Klosters Likir gesehen haben und folgen einem kleinen

Pfad bergauf. Unser Ponyman ist sehr gläubig und geht an Mani Mauern und Chörten stets im Uhrzeigersinn vorbei und murmelt seine buddhistischen Gebete. In der Hand trägt er ständig eine Perlenkette, vergleichbar einem Rosenkranz, mit einhundertacht Perlen. Da er meinen Namen Markus nicht aussprechen kann redet er mich ständig mit „Maku Sir" an.

Auf der Anhöhe sehen wir links von uns ein paar kleine Hütten. Shiri erklärt uns mit seinem sehr rudimentären Englisch, dass dort sein Haus ist und er uns zu einer Tasse Tee einladen möchte. Gerne nehmen wir die Einladung an, eine Ablehnung wäre wohl auch einer Beleidigung gleichgekommen.

Der Weg zu seinem Haus führt durch eine enge Gasse aus aufgesetzten Steinen. Im Hof seines Hauses werden zuerst die zwei Esel versorgt. Das Haus besteht aus zwei Stockwerken und besitzt ein paar wenige winzige Fenster. Einziger Farbklecks des lehmfarbigen Hauses sind die wehenden Gebetsfahnen auf dem Dach. Im unteren Stockwerk sind die Stallungen der Tiere und oben die Wohnräume.

Mit einem breiten Grinsen und einem herzlichen Tashi Delek begrüßt uns seine älteste Tochter und wir folgen ihr die Außentreppe hinauf zu den Wohnräumen. In der Küche sitzen wir wieder auf einem kleinen Kissen an der Wand und werden seiner Familie vorgestellt. Während die älteste Tochter uns einen Tee zubereitet versteckt sich die jüngste im Rockzipfel ihrer Mutter. Diese trägt die typische ladakhische Kleidung der Landfrauen aus dunklem schwerem Stoff. Zur Feier des Tages wird sogar eine kleine Packung Kekse geöffnet.

Es ist kaum zu glauben wie gastfreundlich die Menschen hier sind, obwohl sie kaum etwas besitzen. Für sie gibt es Wichtigeres als Reichtum. Auf einem kleinen Tablett wird uns eine Tasse des frischen Tees serviert, er ist süß und schmeckt richtig lecker. Die Küche ist sehr einfach. Der

Boden besteht aus gestampftem Lehm, die Wände sind nur grob mit Lehm verputzt. In einer Ecke steht ein gemauerter Ofen und an der anderen Wand sind ein paar Regale, auf denen fein säuberlich ein paar rußgeschwärzte Töpfe sowie Teller und Tassen stehen.

Die Verständigung ist sehr schwierig, da nur sehr wenige Englischkenntnisse vorhanden sind. Zum Abschied möchte ich noch ein Familienfoto schießen. Zu diesem Zweck dirigiert uns Shiri aus der Küche ins Wohnzimmer. Hier steht, wie vorher in unserem Guesthouse auch, der Hausaltar. An einer Wand befinden sich große Regale auf denen die über Generationen weiter gegebenen kupfernen Töpfe und Schüsseln stehen. In diesen werden die Lebensmittel aufbewahrt. Je größer die Sammlung dieser Töpfe und Schüsseln, umso größer der Reichtum der Familie. Nach dem Foto verabschieden wir uns von seiner Frau und den Kindern und wandern weiter Richtung Yangthang.

Durch wüstenhafte Landschaft geht es über den kleinen Pobe La. Nach der Passhöhe führt uns der Weg hinab nach Sumdo. Es ist gut, dass wir Shiri dabei haben, er kennt die kleinen nicht ausgeschilderten Trampelpfade. So brauchen wir nicht auf der eintönigen und in vielen Serpentinen verlaufenden neuen Fahrzeugpiste zu laufen. Unterhalb von Sumdo queren wir den Bach und finden eine Wiese zum Rasten.

Es tut den Augen richtig gut, inmitten dieser Hochgebirgswüste mit den vielen Brauntönen, das schöne satte Grün dieser Wiese zu sehen. Für die Rast wird den Tieren unser Rucksack abgeschnallt und sie dürfen sich etwas erholen und das frische Grün genießen.

Der Weg führt von hier steil nach oben und in Richtung des Passes Charatse La. Hier an diesem Anstieg macht uns die Hitze ganz schön zu schaffen. Es sind inzwischen bestimmt knapp dreißig Grad Celsius und die Höhe gibt uns den Rest. Es geht kein Lüftchen und die Sonne brennt unbarmherzig in dieses kleine Tal. Die Farben in einem der vielen Geröllfelder lassen die Vielzahl der verschiedenen Metalle im Boden erahnen. Von einem dunklen Rot, über Türkisgrün, Gelb bis hin zu einem tiefen Schwarz ist alles vertreten.

Während wir auch hier wieder eine kleine Rast machen und das Bergpanorama bewundern, überholt uns eine Karawane aus Pferden und Maultieren. Lautstark geben die Ponymen den Tieren ihre Anweisungen. Es ist interessant, wie die Tiere bepackt sind, von Tonnen, Kisten, Säcken bis, was eigentlich die Krönung ist, vier Paletten mit Eiern, die mit einem Seil oben auf dem ganzen Zeug festgebunden sind. Mit einem herzlichen „Tashi Delek" laufen sie an uns vorbei. Für uns geht es jetzt ebenfalls in etwa zwanzig Minuten hinab nach Yangthang.

Das Dorf Yangthang liegt auf dem vordersten Punkt eines kleinen Plateaus, oberhalb ziehen sich die Felder die Berge hinauf. Ein kleiner Bach sorgt für die notwendige Bewässerung der vielen kleinen Parzellen, die durch Steinreihen getrennt sind. Als wir in das Dorf hineingehen werden wir natürlich von vielen Augen beobachtet. Neugierig schauen die Leute auf den Feldern uns nach und die Kinder laufen uns kichernd hinterher. Mitten im Dorf bleiben wir vor einem sehr alten Haus stehen und Shiri erkundigt sich nach unserer Unterkunft. Nach endlosen Diskussionen ist man sich sicher, dass wir hier nicht richtig sind, sondern dass wir in das Haus von Tsering Dolma sollen, welches unterhalb des eigentlichen Dorfes in einem kleinen Tal liegt.

Wir verlassen das Dorf in Richtung Westen und steigen auf einem sehr engen kleinen Pfad ins Tal hinab. Unten stehen etwa fünf Häuser entlang eines kleinen Baches. Ein kleiner Junge zeigt uns an einer Abzweigung den richtigen Weg und so stehen wir bald auch vor dem kleinen Haus.

Nach dem Anklopfen kommt eine alte Frau aus dem dunklen Innern des Hauses vor die Tür. Sie hat lange schwarze Zöpfe, trägt einen Rock aus einem dunklen schweren Stoff und begrüßt uns mit einem „Tashi Delek". Nur scheint sie nicht auf Gäste eingestellt, denn bei dem Gespräch zwischen ihr und unserem Eselsführer schüttelt sie immer wieder den Kopf. Nach bestimmt zehn Minuten Diskussion, wir wollten gerade schon vorschlagen uns eine andere Unterkunft zu suchen, lächelt sie dann doch endlich und wir werden in das Haus hinein gebeten.

Es ist ein kleines einstöckiges Haus mit einem langen Flur von einer Seite zur andern. Auf der linken Seite des Hauses liegt die große Küche und auf der anderen Seite ist ein Zimmer für uns und ein Schlafzimmer der Gastgeber. Unser Zimmer ist wohl normalerweise das Zimmer der Kinder. An der Wand hängen ein paar alte Poster von Schauspielern oder Musikern, ähnlich den Postern in deutschen Kinderzimmern aus der Bravo. Es wirkt etwas unwirklich hier, weit weg von der Zivilisation. Sie scheint aber schon angekommen. Auf dem Boden liegen eine paar dünne Matten und Decken auf denen wir unsere Schlafsäcke ausbreiten können.

Nachdem wir uns umgezogen haben gehen wir hinüber in die Küche. Dort werden wir auch schon mit großen Augen erwartet. In dem großen Raum steht links an der Stirnseite ein kleiner Schrank, auf dem ein etwas altertümlicher Gaskocher steht. Darüber hängen einige Töpfe, Schüsseln und Bestecke an der Wand. Auf der gegenüberliegenden Seite steht ein altes Regal mit kupfernen Schüsseln zur Aufbewahrung der Vorräte, davor ein kleiner Ofen mit offenem Feuer. Auf der einen Seite sitzt Tsering Dolma, sie ist die Oma hier im Haus. Auf der anderen Seite des Ofens sitzt unser Eselsführer und trinkt gerade ein Tasse Buttertee. Als wir eintreten werden wir sofort freudig begrüßt. Jetzt lacht auch die alte Dame und ist uns sehr sympathisch. Unser Platz ist an der Wand auf ein paar Kissen. Wir nehmen dort im Schneidersitz Platz und werden gefragt, ob wir etwas Tee trinken möchten. Schnell stehen zwei Tassen dampfender Tee vor uns.

Die Oma steht nun auf, entnimmt dem Regal hinter ihr eine alte Flasche mit einer weißen Flüssigkeit, kommt mit dieser auf uns zu und möchte uns von der Flüssigkeit in den Tee gießen. Als sie aber näher kommt erkennen wir sehr schnell den hygienischen Zustand der Milch und der dazugehörenden Flasche und können sie gerade noch bremsen, diese in unsere Tassen zu gießen. Das hätten unsere Verdauungsorgane nicht überlebt, und das am Anfang unserer Tour. Wir zeigen auf unsere Mägen, streichen mit der flachen Hand darüber und geben ihr zu erkennen, dass wir gerne annehmen würden, wir es aber im Magen haben. Sie versteht unsere Gesten scheinbar, lacht laut und setzt sich sichtlich amüsiert wieder auf ihren Platz, schaut uns ein wenig zu und gibt uns zu verstehen, dass sie noch Arbeit auf dem Feld hat.

Nach unserem ersten Tee laufen wir wieder hoch zum Dorf und genießen von dem Plateau die schöne Aussicht auf die umliegenden, inzwischen im Abendrot leuchtenden Berge. Im Halbdunkel laufen wir wieder den kleinen Pfad hinab zu unserer Unterkunft. Gegen zwanzig Uhr gibt es Abendessen. Wir sitzen wieder am gleichen Platz wie am Nachmittag, jedoch sind inzwischen die anderen Familienmitglieder zu Hause: der Vater, die Mutter und die Tochter. Es gibt zum Abendessen eine richtig leckere Tukpa mit Mangold und selbst gemachten Nudeln. Tukpa ist eine tibetische Suppe, die wirklich sehr gut schmeckt und in unserem Fall schön scharf gewürzt ist.

Beim Essen werden wir natürlich genau von den Anwesenden beobachtet. Auf jeden Fall freuen sie sich, dass es uns schmeckt. Leider ist fast keine Kommunikation mög-

lich, da sie über keinerlei englische Sprachkenntnisse ver-
fügen. Shiri ist auch keine große Hilfe, weil sein Englisch
nicht ausreicht. Aber es geht auch mit Handzeichen und viel
Gestik. Der Hausherr streckt uns die ganze Zeit die Zunge
heraus, eine Geste der Begrüßung. Zum Glück wissen wir
dies zu deuten. Mit viel Tee sitzen wir noch einige Zeit zusammen.

2. Trekkingtag Yangthang - Hemis Schukpachen

Früh morgens stehen wir auf und waschen uns notdürftig unter freiem Himmel. Es macht echt Spaß an einem kleinen Bach zu stehen, sich die Zähne zu putzen und dabei auf die schneebedeckten Berge um uns herum zu schauen. Zum Frühstück gibt es Chapati mit Mangoldgemüse. Mutter macht die Chapati frisch auf einem Blech über dem Ofen in der Küche. Zwischen den einzelnen Fladenbroten schürt sie immer wieder das Feuer nach, mal mit Holz, mal mit Kuhdung. Natürlich wäscht sie sich dazwischen nicht die Hände, lecker! Aber die Brote schmecken trotzdem.

Draußen werden durch Shiri schon die Maultiere beladen und so nehmen wir Abschied von dieser netten Familie und wandern am Bachlauf hinauf auf die Höhe von Yangthang. Heute Morgen ist es noch richtig frisch, denn das Tal liegt noch immer im Schatten der umliegenden Berge. Unsere Tagesetappe ist heute nicht sehr groß und so lassen wir uns für den Anstieg auf den Sermanchan – Pass richtig Zeit. Kurz vor Erreichen der Passhöhe können wir dann auch die Fleecejacken ausziehen, denn inzwischen brennt auch die Sonne wieder ganz schön auf den Kopf.

Oben an der Passhöhe machen wir Rast und verweilen im Windschatten einer Chörte. Nur das Flattern der Gebetsfahnen auf der Passhöhe und das Pfeifen des Windes ist hier zu hören. Unten im Tal liegt inmitten der Geröllwüste die grüne Oase Hemis Schukpachen.

Nachdem wir etwa zwanzig Minuten durch den ganzen Ort ins Tal hinunter gelaufen sind finden wir Unterkunft bei Serku. Sein großes Haus steht so ziemlich am untersten Ende des Dorfes. Als wir eintreten werden wir schon von den drei Kindern mit großen Augen bestaunt und von ihnen in den zweiten Stock des Hauses, in ein großes Zimmer mit einer großen Fensterfront geführt. Man merkt direkt, dass

Serku schon zu den etwas besser gestellten Familien hier in Ladakh gehört. Vor den Fenstern liegen zwei Matratzen und davor steht ein kleiner niedriger Tisch. Wir legen unsere Sachen ab und sofort wird auch schon eine große Kanne Tee gebracht.

Serku, der Hausherr, teilt eifrig Tassen aus und schenkt uns sofort ein. Er setzt sich uns gegenüber und man spürt, dass er sich schon darauf freut, sich mit uns zu unterhalten. Er kann sehr gut Englisch und so ist auch eine Unterhaltung ohne Probleme möglich. So erfahren wir auch, dass sich Ladakhis und Inder sich nicht so ganz grün sind und er deshalb großen Wert darauf legt, als Ladakhi und nicht als Inder bezeichnet zu werden. Zwischendurch kommt auch mal die jüngste Tochter ins Zimmer, setzt sich bei ihrem Vater auf den Schoß und verfolgt jede unserer Bewegungen mit großem Interesse.

Da es noch früh am Nachmittag ist laufen wir noch eine Runde durch das Dorf. Oberhalb des Dorfes gibt es ein uraltes Wacholderwäldchen, welches sehr selten in Ladakh und heilig ist und daher auch mit dem notwendigen Respekt besucht werden sollte. Wir stehen neben der Ruine des Tempels und genießen die Aussicht auf die alten Häuser. Auf den Feldern sieht man überall Bauern bei der Feldarbeit. Ständig müssen die Bewässerungsgräben instand gesetzt und auch das Wasser in die richtige Richtung umgeleitet werden. Unterhalb des Tempels ist ein Campingplatz auf dem einige Zelte aufgebaut sind. Zu unserer Verwunderung winkt uns jemand dort zu und kommt auf uns zu gelaufen.

Als die Person näher kommt erkennen wir Katja, unsere Trauzeugin. Welch ein Zufall, hier in der Einsamkeit der Berge treffen wir uns ganz überraschend, da ihre Tour im Ablauf etwas umgestellt werden musste. Das Wiedersehen hier am Ende der Welt muss natürlich gefeiert werden und so suchen wir natürlich gleich den nächsten Teestall. An der Brücke direkt am Bach steht eine kleine Hütte und daneben hat der Eigentümer einen alten Fallschirm aus Armeebeständen als Sonnenschutz aufgespannt. Darunter stehen zwei Tische und ein paar Stühle, die Getränke werden im Bach gekühlt.

Wir bestellen uns ein Bier. Es gibt God Father, ein indisches Bier, es schmeckt grauenhaft. Als wir auf das Verfallsdatum schauen erkennen wir, dass es schon im letzten Herbst abgelaufen ist. Als wir den Besitzer darauf ansprechen meint er nur, dass es normal sei. Das Bier ist noch vom letzten Jahr, weil die Pässe alle noch tief verschneit sind und der Transport mit dem Flugzeug zu teuer sei. Außerdem trinkt es hier jeder und gestorben sei noch keiner daran. Na denn Prost.

Wir sitzen noch lange zusammen und berichten über unsere Erlebnisse. Als wir uns verabschieden hat dann doch jeder zwei Bier getrunken, obwohl es so schlecht schmeckt. An was man sich alles gewöhnen kann ….

Bei Serku erwartet man uns schon zum Abendessen. Diesmal nicht in unserem Zimmer, sondern in der guten Stube des Hauses. Auf der einen Seite ist die Küche und auf der anderen Seite steht der Hausaltar. Auch hier wieder die Regale mit den vielen Schüsseln als Vorratsbehälter. Interessant, wie ähnlich es hier überall aussieht. Wir nehmen Platz auf einer Kissenreihe an der Wand, sofort wird natürlich Tee gereicht. Die Mutter ist mit Kochen beschäftigt und die Kinder sitzen in einer Ecke und machen ihre Hausaufgaben. Mittags hatten wir schon einmal in den Schulbüchern der Kinder nachgeschaut, was hier so unterrichtet wird, denn ein paar Schulbücher lagen in unserem Zimmer. Wir waren erstaunt, im Physikbuch werden richtig anspruchsvolle Themen behandelt. Die Kinder, die hier zur Schule gehen, brauchen sich nicht zu verstecken.

Zuerst bekommen wir als Gäste aus dem großen Topf eine Schüssel mit Tukpa, sie schmeckt richtig lecker. Unan-

genehm ist nur, dass alle im Raum uns beim Essen zuschau-
en. Eine zweite Schüssel müssen wir dann auch noch annehmen. Wir zieren uns zwar, aber sind froh über die zweite
Portion. Die dritte lehnen wir dankbar, aber sehr energisch
ab. Nun erst nehmen sich die Kinder und die Eltern und
unser Ponyman ihre Portionen.

Wir sitzen noch lange in der Küche und unterhalten uns
über alle möglichen Dinge. Serku ist sehr interessiert an der
deutschen Kultur und wir müssen alles Mögliche erzählen
von der Schule bis zu Traditionen bei Hochzeiten und vieles
mehr. Wir legen uns erst spät in den Schlafsack, voll mit
den vielen neuen Infos und Eindrücken. Unser Ponyman
soll auch im Haus schlafen, aber trotz Diskussion mit Serku
schläft er lieber draußen unter freiem Himmel. Wir benei-
den ihn über seine Art zu leben. So einfach, aber glücklich.

3. Trekkingtag Hemis Schukpachen - Ang

Nach dem gemeinsamen Frühstück packen wir unter den Augen der neugierigen Kinder unsere Rucksäcke. Als Geschenk für die Kinder haben wir ein paar bunte Springbälle dabei. Sie kommen auch gut an, denn in dem langen Flur vor unserer Tür haben die Kinder ihren Spaß damit. Gerne reisen wir heute nicht ab, denn wir haben die Familie sofort ins Herz geschlossen. Lange noch winken die Kinder uns nach während wir die Dorfstraße hinaufwandern. Vorbei geht es an dem kleinen Wacholderwäldchen zu einer Hochebene, welche uns wegen ihrer vielen Gesteinsfarben total begeistert.

Am höchsten Punkt steht einsam eine kleine Chörte, dahinter fällt der Weg tief über Geröllfelder in einen riesigen Talkessel ab. Auf der rechten Talkesselseite führt uns der Pfad zu unserer nächsten Herausforderung, einem langen steilen Anstieg durch ein großes Geröllfeld. Der Pfad ist gerade so breit, dass man noch darauf stehen kann. Ab und zu ist der Weg durch Tragetiere total zerstört und man muss sich selbst Stufen in das Geröll treten. Da sich der Talkessel nach links Richtung Zanskarkette öffnet wird der Anstieg zur Passhöhe des Meptek La mit einer grandiosen Aussicht belohnt. Oben am Pass setzen wir uns wieder in den Windschatten einer kleinen Chörte und trinken zusammen mit unserem Ponyman einen Tee und knabbern ein paar Kekse. Erst von hier oben begreift man wie steil der Hang ist, durch den wir gerade hinaufgestiegen sind. Wir sind froh, dass wir ihn hinauflaufen mussten und nicht hinab.

Der Abstieg nach Ang ist total einfach aber landschaftlich interessant. Er führt durch ein enges Flusstal, welches jedoch zu dieser Jahreszeit ausgetrocknet ist. Da wir heute schon früh unterwegs waren, kommen uns erst hier beim Abstieg die Einheimischen mit ihren Lasttieren entgegen. Immer wieder müssen wir stehen bleiben und uns einen sicheren Platz suchen, um die Pferde und Maultiere mit ihren Lasten vorbei zu lassen. Interessant ist immer wieder, was und wie viel die Leute auf dem Rücken der Tiere verstauen und dass beim Transport nichts herunter fällt.

Direkt am Ortseingang von Ang soll unsere nächste Unterkunft sein. Nachdem wir ein paar Bewässerungsgräben überquert haben stehen wir vor dem alten Haus. Jedoch scheint niemand zu Hause zu sein. Unter uns auf dem Feld steht ein alter Mann. Nach einer längeren Unterhaltung mit unserem Ponyman erklärt uns dieser, dass der Besitzer nicht da sei, wir aber bei dem alten Mann übernachten könnten.

Der alte Mann wohnt in einem kleineren Haus direkt neben unserer vermeintlichen Unterkunft. Mit Schrecken treten wir in sein Haus ein. Es ist bisher die schmutzigste Unterkunft, die wir gesehen haben. Die Wanzen springen uns schon gedanklich entgegen. Wir nehmen auf ein paar sehr schmutzigen Laken Platz und bekommen wie immer einen Tee serviert. Auch das Geschirr macht einen nicht sehr sauberen Eindruck. Die Toilette ist auch der absolute Wahnsinn. Es ist im Prinzip eine kleine Fläche hinter dem Haus, die mit einer etwa dreißig Zentimeter hohen Steinreihe nicht gerade ausreichend Sichtschutz bietet. Die Krönung ist die Aussicht, die man bei seinem Geschäft hat. Das Haus liegt am Hang direkt vor dem Dorf Ang. Man sitzt also wie auf einem Präsentierteller hinter dem Haus, kann alles beobachten und kann genauso beobachtet werden.

Um endlich aus dem dunklen Haus heraus zu kommen beschließen wir, uns den Ort etwas genauer anzusehen und vielleicht auch eine andere Unterkunft zu finden. Shiri, unser Ponyman, gibt uns zu verstehen, dass er heute noch den Weg zurück zu seiner Familie laufen will und so ist Abschied nehmen angesagt. Er ist uns richtig ans Herz gewachsen: seine ruhige friedliche Art, seine Frömmigkeit und einfach nur sein Lachen und die Frage: "Maku Sir ok"? Zum Abschied schenken wir ihm ein großes Taschenmesser und geben ihm noch ein schönes Trinkgeld. Er ist so ergriffen über unsere Geschenke, dass ihm das Wasser in den Augen steht. Lange winken wir ihm noch nach bis er um einen Felsvorsprung verschwindet.

Wir brechen auf, um uns Ang genauer anzusehen. Im Dorf ist recht wenig los, denn die meisten Einwohner sind auf den Feldern außerhalb zu Gange. Unterhalb des Dorfes ist ein kleiner Teestall. Wir nehmen gerne unter den Bäumen Platz und trinken eine im Bach gekühlte Cola. Als wir mit dem Inhaber ins Gespräch kommen erfahren wir, dass er der Besitzer unserer ursprünglichen Unterkunft ist und dass der alte Mann, bei dem wir zur Zeit unser Gepäck lagern, sein Vater ist. Wir sind froh, dass sich die Sache mit unserer Unterkunft zum Guten wendet. Da es schon spät ist und keine weiteren Gäste mehr zu erwarten sind, schließt er seinen Teestall, räumt alles zusammen und läuft mit uns zusammen hoch zu seinem Haus.

Wir nehmen unsere Rucksäcke aus dem Haus seines Vaters und sind froh zu sehen, dass bei seinem Sohn doch etwas mehr Reinlichkeit herrscht. Leider haben wir uns zu früh gefreut, denn Schlafen werden wir zwar bei dem Sohn, aber gegessen wird bei dem Vater, da die Mutter zur Zeit in Leh ist und der Vater für uns kochen wird. Na ja, wir werden auch dieses überleben.

Zum Abendessen gibt es mal wieder Tukpa, was sonst. Aber sie schmeckt leider nicht so lecker wie die Tage davor. So essen wir heute Abend nur eine Portion und da unsere Hausherren auch nicht sehr gesprächig sind ziehen wir uns in unser Zimmer zurück, essen noch einen Müsliriegel aus unserer Reserve und legen uns früh in unsere Schlafsäcke.

Von Ang nach Lamayuru

Das Frühstück ist leider auch nicht viel besser als das Abendessen. Es gibt Chapati, aber nicht von einer heißen Platte oder einem Ofen sondern in Fett frittiert. Das Fett tropft noch herunter als wir sie vom Teller heben. Anstandshalber essen wir ein wenig und verabschieden uns schnell mit dem Vorwand, dass unser Fahrer uns gleich abholen kommt.

Da wir nun keine Esel mehr haben, müssen wir unsere Rucksäcke selber tragen. Der Weg hinunter zur Hauptstraße ist jedoch schnell zurückgelegt. Wir setzen uns unter ein paar Büsche am Wegesrand und richten uns auf ein längeres Warten ein, da wir nicht damit rechnen, dass unser Fahrer pünktlich ist. Aber wir werden eines Besseren belehrt. Pünktlich um neun Uhr sehen wir schon die Staubfahne eines Fahrzeugs aus dem Tal hochkommen. Grinsend erscheint der Fahrer, der uns schon die Tage vorher gefahren hat. Die Rucksäcke sind schnell verstaut und wir fahren das enge Tal hinunter zur Hauptstraße, um dann weiter nach Lamayuru zu fahren.

Bis Khalse folgt die Straße dem Indus. Dort verlassen wir den großen Fluss, um über abenteuerliche Passstraßen nach Lamayuru zu fahren. Von nun an geht es recht langsam voran, denn die Straße ist an vielen Stellen weggerutscht, so dass die Autos nur in einer Richtung fahren können. Da der Stärkere hier Vorfahrt hat und jeder meint, dass er der Stärkere sei, kommt es an Engstellen immer wieder zu chaotischen Situationen. Fahrzeuge zwängen sich aneinander vorbei, auf der einen Seite ein Rad am tiefen Abgrund, auf der anderen Seite schrammt das andere Fahrzeug an der Felswand vorbei. Wir begnügen uns damit die Aussicht zu genießen. Über Gefahren des Straßenverkehrs sollte man sich hier wirklich keine Gedanken machen.

Unerwartet öffnet sich die enge Schlucht, durch die wir die letzten Kilometer gefahren sind und vor uns erheben sich die Gesteinsformationen des Moon Valley. Im breiten Talkessel vor uns stehen hellgelbe Sandsteintürme, die in vielen Jahren aus dem Gestein gewaschen worden sind. Es handelt sich um den Boden eines Sees, der hier vor etwa dreitausend Jahren durch ein Erdbeben leer gelaufen war. Der höchste damalige Wasserspiegel ist deutlich durch eine gerade Linie im Gestein zu erkennen. Lange stehen wir am Fuß der Formation und können uns gar nicht satt sehen an dieser unwirklichen Landschaft. Oben im Tal erkennen wir schon das erste Grün der Felder von Lamayuru.

Unsere Weiterfahrt wird aber nach etwa zwei Kilometern unterbrochen. Ein Lastwagenfahrer hat die Kontrolle über sein Fahrzeug verloren, ist von der Fahrbahn abgekommen und liegt etwa sechs Meter unterhalb der Straße auf einem Feld. Oben auf der Straße steht schon an kleines Kranfahrzeug der indischen Armee, um das Fahrzeug zu sichern, damit es nicht noch weiter abstürzt. Kleine Autos werden vorbeigelassen, müssen aber unter dem Kranausleger zwischen Fahrzeug und Abgrund hindurch fahren. Uns ist das zu knapp und wir fürchten, dass das Fahrzeug zu dem Lastwagen hinunter rutschen kann. Wir steigen aus und lassen unseren Fahrer die waghalsige Aktion allein versuchen. Nach etwa fünfzehn Minuten hat er dann das Fahrzeug, zum Glück heil, an dem Hindernis vorbei manövriert.

Hoch oben am Berg über dem alten Dorf Lamayuru liegt das Kloster. Wie Schwalbennester kleben auch hier die weiß gekalkten Mönchswohnungen und die Häuser des Dorfes an dem steilen Hang. Für Menschen, die aus Srinagar kommen, ist es der erste Kontakt mit dem tibetischen Buddhismus, denn die Gegend westlich von Lamayuru ist moslemisch geprägt. Wir fahren hoch zum Kloster, um unser Zimmer im Hotel direkt neben dem Kloster zu beziehen.

Da wir schon lange nichts mehr gegessen haben, steigen wir sofort den schmalen Pfad hinab zum Dorf. Im Garten des Dragon Hotels genießen wir die Zivilisation bei indischem Gemüsecurry und einem Bier, welches diesmal nicht abgelaufen ist und nach dem Trekking auch hervorragend schmeckt. Mit neuen Lebensgeistern steigen wir wieder hinauf zum Kloster. Leider sind die Türen im Moment alle verschlossen. So steigen wir noch einen kleinen Pfad weiter den Berg hinauf und setzen uns oberhalb des Klosters am Berghang auf einen großen Stein und betrachten das Panorama, welches sich vor uns auftut. Links von uns das Moon Valley, direkt vor uns gewaltige schneebedeckte Berge, rechts im Tal das Grün der Felder von Lamayuru inmitten dieser unwirklichen braunen Steinwüste.

Da der Wind hier oben immer heftiger wird, steigen wir wieder hinab zum Kloster. Jetzt haben wir Glück und finden den Mönch mit dem Schlüssel und können uns so das Kloster von Innen anschauen. Im Versammlungsraum der Mönche liegen wieder in langen Reihen die roten Sitzkissen, die Wände sind mit fantastischen Malereien verziert. Da es im Kloster recht kalt ist sind wir sehr schnell fertig mit unserer Erkundung und setzen uns lieber auf die Stufen des Klosters und genießen in der Sonne die herrliche Aussicht auf das Moon Valley. Vor uns toben ein paar junge Mönche sehr ausgelassen herum. Uns scheint es, dass es mit der Disziplin hier im Kloster nicht sehr gut bestellt ist. Die Art des Auftretens der Mönche unterscheidet sich doch sehr stark von den bisher besuchten Klöstern.

Der Wind hier oben wird immer heftiger und so sind wir froh, als wir in dem großen Speisesaal unserer Unterkunft sitzen und das Abendessen bestellen. Nach einer leckeren Gemüsesuppe gibt es Daal, Kartoffeln, eine Pilzpfanne mit Erbsen und eine riesige Schüssel mit Reis. Das Bier dazu ist mal wieder abgelaufen. Nach Tagen der Entbehrung auf dem Trekking ist uns das aber auch egal, wir schlagen uns die Bäuche so richtig voll. Zum Abschluss gibt es sogar noch eine gebackene Banane. Bevor wir so voll gegessen ins Bett fallen gehen wir hinaus, stehen noch lange auf dem

Klosterhof und betrachten einen Sternenhimmel, wie man ihn in Deutschland nicht zu sehen bekommt. Keine Licht- und Luftverschmutzung, einfach genial.

Das Einschlafen gestaltet sich heute Nacht jedoch sehr schwierig, denn der Wind hat noch mehr zugenommen und es pfeift so laut durch die Gänge und Türen, dass an Schlaf nicht zu denken ist. Da irgendwo im Haus auch ständig einige Türen durch den Wind hin und her schlagen, steige ich nochmals aus dem Schlafsack, laufe mit der Stirnlampe durch das ganze Haus und verschließe sämtliche Türen, damit dieses Geklapper endlich aufhört. Dann schlafen wir friedlich ein.

Zurück nach Leh

Lange können wir nicht schlafen, denn die Mönche laufen morgens alle unter unserem Fenster über den Klosterhof. Statt ruhig meditierend über den Klosterhof zu schreiten ziehen sie es vor, dies laut palavernd zu tun. Nach dem Frühstück und einem kleinen Rundgang durch das Kloster fahren wir die etwa einhundertdreißig Kilometer zurück nach Leh. Da wir sehr zügig heute durchgekommen sind und nach viereinhalb Stunden schon Leh erreichen, ist unser Zimmer im Jigmet Guesthouse noch nicht fertig.

So laufen wir noch nach Chanspa ins Restaurant Mona Lisa. Dort im Garten erfreuen wir uns bei einem Bier, welches nicht abgelaufen ist und super schmeckt, an der Aussicht auf die gegenüberliegende Zanskarkette. Uns fällt auch auf, dass inzwischen viel mehr los ist auf den Straßen hier in Leh. Die Pässe nach Indien sind, wie wir erfahren, inzwischen alle geöffnet und so strömen die Menschen nun nach Ladakh. Den Nachmittag verbringen wir im Garten unseres Guesthouses bei einem Stück Kuchen, welches wir uns auf dem Rückweg in der German Bakery gekauft haben. Es lebe die Zivilisation. Abends gibt es auch endlich die lang ersehnte heiße Dusche nach dem Trekking. Na, ja, Dusche ist vielleicht etwas übertrieben, denn sie besteht aus zwei Eimern heißem Wasser.

Leh

Heute laufen wir hoch in das oberhalb von Leh liegende Dorf Sankar und besuchen das dortige kleine Kloster. Es ist ein kleines Nebenkloster des Klosters Spituk. Die Gebäude hier sehen aus wie die umliegenden Wohnhäuser, der Innenhof ist übersät mit unzähligen Blumen und blühenden Sträuchern. Da die Gebetsräume verschlossen sind und der Mönch mit dem Schlüssel nicht aufzufinden ist, halten wir uns nicht lange auf und laufen durch enge, mit Steinen hoch abgegrenzten, Hohlwege durch Gerstenfelder und Gärten zurück nach Leh.

Immer wieder verlaufen wir uns und stehen vor einem Wohnhaus, wo wir nicht gerade freundlich von freilaufenden Hunden begrüßt werden. Im Wirrwarr der vielen Abzweigungen ist es nicht leicht den richtigen Weg zurück zu finden. Den Nachmittag verbringen wir damit, etwas abzuhängen, unseren Ausflug ins Nubra Tal für den nächsten Tag zu organisieren und im Garten des Penguin Restaurants Pancake zu essen. Abends essen wir eine Pizza auf dem Dach eines der inzwischen unzählig vielen geöffneten Restaurants in Leh. Die Pizza ist besser als bei manch einem Italiener in Deutschland.

Von Leh ins Nubra Tal

Früh stehen wir heute auf und packen unsere Rucksäcke, denn um acht Uhr kommt unser Jeep. Wir sind beide schon ganz schön aufgeregt, denn bevor wir ins Nubra Tal gelangen führt uns der Weg über den höchst befahrbaren Pass der Welt, den Khardung La. Wir werden auf seiner Passhöhe eine Höhe von fünftausendsechshundertsechs Metern erreichen. Da wir noch nie so hoch waren, sind wir gespannt, wie unsere Körper darauf reagieren werden. Wir sind gerade fertig mit unserem Frühstück, da kommt auch schon pünktlich unser Fahrer. Schnell ist unser Gepäck verstaut und los geht's.

Das Wetter ist uns wohl gesonnen, denn keine Wolke ist am Himmel zu erkennen. Besser kann es für einen solchen Tag nicht sein, die Fernsicht wird bestimmt gigantisch sein. Schnell führt die Straße nach oben und schraubt sich in engen Serpentinen der Passhöhe entgegen, hier unten ist sie noch in einem passablen Zustand. Die Aussicht auf Leh ändert sich mit jeder Kehre. Wir müssen uns bremsen, um nicht ständig anzuhalten und Fotos von diesem Panorama zu schießen. Interessant sind die Schilder, die am Wegesrand stehen: „Better late than never", „You will see your family, then drive slow". Beim Betrachten des steilen Abhangs versteht man auch sofort den Sinn dieser Schilder.

Etwa vierzehn Kilometer vor der Passhöhe halten wir an. Hier werden unsere Permits, die wir am Tag vorher organisiert hatten, und unsere Reisepässe kontrolliert. Die Region ist von strategischer Bedeutung, denn sie bildet die Grenze zu den großen Nachbarn China und Pakistan, die ja Gebiete hier besetzt halten. Dies dürfte auch der einzige Grund sein, warum hier dieser Pass überhaupt gebaut worden ist und unterhalten wird.

Wie es der Zufall will treffen wir hier oben wieder Katja, die mit ihrer Reisegruppe auch heute ins Nubra Tal fahren will. Mit einem lauten Hallo fallen wir uns in die Arme, sehr zur Verwunderung der umherstehenden Soldaten des Checkpoints. Viel Zeit, unsere Erlebnisse auszutauschen bleibt nicht, denn es macht sich gerade ein Militärkonvoi bereit loszufahren und die Fahrer der Jeeps wollen unbedingt dem Konvoi zuvorkommen.

Nun wird die Straße immer abenteuerlicher, Asphalt sucht man nun vergebens. Es handelt sich eigentlich nur noch um eine von einer Planierraupe geebnete Trasse, die mitten durch Geröllfelder führt. Wenn Felsen im Weg waren wurden sie einfach gesprengt und man fährt dort über nackten Fels. Auf etwa fünftausend Metern führt der Weg schließlich durch Schnee und Eis. Überall fließt jedoch mächtig viel Wasser, denn die Sonne brennt hier oben unbarmherzig und lässt den Schnee ganz schön schmelzen. Auf etwa fünftausendvierhundert Metern stoppt unser Fahrer plötzlich, denn vor uns gibt es einen Stau. Wir hoffen, dass es schnell weitergehen wird, denn hier auf dieser Höhe sollte man sich nicht so lange aufhalten, zumindest nicht, wenn man so schnell wie wir aufgestiegen ist. Die Gefahr der Höhenkrankheit ist in dieser Situation nicht zu unterschätzen. Bevor wir aussteigen tragen wir zuerst noch etwas Sun Blocker auf die Nase und im Gesicht auf, die Augen muss man hier oben mit einer Gletscherbrille schützen. Wir gehen an den wartenden Autos vorbei nach vorne, um die Ursache des Staus zu erkunden.

Nach etwa dreihundert Metern stehen wir vor einem Militärkonvoi. Einer der Lastwagen hat einen defekten Druckluftschlauch und so öffnen sich die Bremsen nicht mehr. Unter dem Wagen liegen bestimmt acht Soldaten und diskutieren heftig, wer denn nun die beste Idee hat wie man den Schaden behebt. Trotz heftigster Diskussionen gelingt es Ihnen dann doch nach etwa einer Stunde den Schaden zu beheben. Trotzdem dauert es bestimmt noch eine weitere Stunde bis der Stau sich aufgelöst hat, denn die Fahrzeuge, die auf der anderen Seite gewartet hatten, müssen erst einmal aneinander vorbei gelassen werden.

Beim Zurücklaufen zu unserem Jeep bemerken wir auch die dünne Luft. Da wir etwas zügig losgehen, kommen wir sofort außer Atem. Nach zwei Stunden Zwangsaufenthalt in der dünnen Luft fahren wir endlich weiter und erreichen etwa fünfzehn Minuten später die Passhöhe.

Von Bergromantik ist hier oben keine Spur. Planierraupen der indischen Armee sind damit beschäftigt eine Fläche von Schnee und Geröll zu befreien. Hier oben stehen ein paar Wellblechbaracken ähnlich den Stationen, die man von Bildern aus der Arktis kennt. Ein paar Hilfsarbeiter, in Lumpen gehüllt, errichten eine Stützmauer. Sie bestaunen jedoch mehr die ankommenden Fahrzeuge und deren Mitfahrer, als sich mit ihrer Arbeit zu beschäftigen. Von Gipfelglück sind wir weit entfernt. Trotzdem genießen wir die gigantische neue Aussicht nach Norden auf das Karakorum. Tief unter uns liegt das Nubra Tal, das übersetzt Blumengarten heißt. Wir wurden schon bei der Abfahrt gewarnt, dass wir dieses Wort nicht allzu genau nehmen sollten, auch wenn man sich im wenigen Grün der Oasen inmitten der Gebirgswüste wie in einem Blumengarten vorkommt. Es ist also alles eine Sache des Standpunktes.

Unter uns sieht man wie sich die Passstraße durch einen tief verschneiten Hang nach unten windet. Auf der Nordseite liegt der Schnee noch viel höher und auch noch bis etwa viertausenddreihundert Meter hinab. Natürlich lassen wir uns von unserem Fahrer vor dem Passschild fotografieren. Wir brauchen ja Beweisfotos, dass man diesen Pass befahren hat. Da wir zum Hinauffahren schon sehr lange gebraucht haben machen wir uns schnell auf, um die zweitausend Höhenmeter auf der anderen Seite hinunter zu fahren. Die Straße ist der Horror, denn an einigen Stellen sind Lawinen abgegangen und die Planierraupen sind mit dem

Modellieren der Piste noch nicht ganz fertig. Jetzt wissen wir auch, warum wir mit einem Jeep unterwegs sind. Wir fahren durch Abschnitte, an denen sich die Schneewände bis zu fünf Metern rechts und links der Piste erheben. Wir sind froh, als wir den Checkpoint auf der anderen Seite des Passes erreichen, denn hier liegt kein Schnee mehr und die Straße ist wieder asphaltiert. Einzig die Vielzahl der unfreundlichen indischen Offiziere und unzähligen Maschinengewehre, welche getragen werden, trüben etwas die Stimmung. Wir werden sofort daran erinnert, wie dünn der Frieden hier oben in dieser Grenzregion zu China ist.

Bei der Weiterfahrt über unzählige Serpentinen sind die Ausblicke auf den rechts von uns liegenden Canyon atemberaubend. Die Straße führt ständig an den steilen Abgründen vorbei und wir sind froh, dass unser Fahrer so einen anständigen Fahrstil hat, denn immer wieder werden wir laut hupend von anderen Fahrzeugen überholt.

In Khalsar, einem kleinen recht schmutzigen Dorf, kaufen wir in einem kleinen Laden eine Cola und setzen uns auf eine Bank an der Hauptstraße. Hier ist richtig viel los. Die Konvois des Militärs rollen durch den kleinen Ort und verwandeln die Hauptstraße in ein staubiges Wüstenlager. Offiziere sitzen in den kleinen Restaurants und stärken sich nach der anstrengenden Passfahrt. Überall sind Händler, die ihre Waren sortieren und auf Lastwagen und Jeeps verladen. Da wir ganz schnell genug von dem vielen Staub haben, laufen wir zu unserem Jeep und fahren weiter Richtung Deskit.

Kurz nach der Koyak Brücke, die von Militär bewacht wird, halten wir uns nach links und fahren durch das breite Flussbett des Shyoks. Das Schmelzwasser der letzten Tage fließt oft in breiten Strömen über die Straße. Vor Deskit müssen wir immer wieder sehr langsam Muränenabgänge queren. Jetzt wissen wir endgültig warum wir einen Jeep haben.

In Deskit finden wir auch schnell unsere Unterkunft, das Olthang Guesthouse. Es liegt sehr schön in einem kleinen Garten. Nachdem wir unser Zimmer bezogen haben und uns mit einem Tee gestärkt haben, fahren wir noch hinauf zum Kloster Deskit. Es liegt hoch über uns am Ende einer Steilwand.

Oben angekommen machen wir uns auf die Suche nach dem Mönch mit dem Schlüssel. Unser Fahrer ist uns dabei sehr behilflich. Nach vielen Fragen stehen wir vor einer kleinen Mönchswohnung. Zu unserer Verwunderung hören wir aus dem Innern des Gebäudes indische Popsongs aus einem krächzenden Radio. Ist wohl die moderne Art der Meditation. Wir klopfen an und sofort verstummt das Radio und die Tür wird uns geöffnet. Ein etwa dreißig Jahre alter Mönch steht in der Tür und grinst uns an. Englisch kann er keins, aber unser Fahrer erklärt ihm, dass wir das Kloster besichtigen möchten. So steigen wir dann hinter dem Mönch die steilen Stufen zum Kloster empor.

Im Innern des alten Klosters erwartet uns eine Besonderheit. Hier sind sehr viele Figuren zu sehen, die mehr an Dämonen und Geister erinnern als an die typischen Figuren der anderen Klöster. Auch Abbildungen von Schädeln und Skeletten sind sehr oft zu sehen, dadurch erhalten die Räumlichkeiten eine sehr unheimliche Stimmung. Draußen auf der Terrasse vor dem Kloster sitzt unser Mönch auf einem alten Plastikstuhl und lässt sich durch die Nachmittagssonne wärmen, hinter ihm liegt das breite Nubra Tal. Ein herrliches Fotomotiv.

Wir fahren die engen Serpentinen vom Kloster hinab und wollen vor Sonnenuntergang noch Hundar besuchen, das größte Dorf im Nubra Tal. Doch gleich hinter Deskit ist erst mal Schluss, denn wir bleiben in einer Muräne, die über die Straße abgegangen ist, stecken. Durch das Eingraben der Räder in den Kies sitzen wir richtig schön auf. Nach etwa einer halben Stunde graben und mit vereinten Kräften der inzwischen hinzu gelaufenen Dorfbewohner bekommen wir das Fahrzeug wieder frei.

Auf der Weiterfahrt sehen wir unter uns die großen Sanddünen von Hundar. Wenn nicht die hohen schneebedeckten Berge um uns herum wären, könnte man meinen, man sei in der Sahara. Wenn man Glück hat kann man sogar eines der hier wild lebenden Kamele sehen. Wir sehen zwar Kamele, aber nur solche, welche die Touristen durch die Sanddünen tragen. Hundar selbst gleicht einer Oase. Die Häuser des Ortes kann man kaum erkennen, da sie inmitten von dichten Aprikosen- und Weidenwäldchen stehen. Für das Kloster haben wir kaum noch Zeit, da unser Fahrer etwas drängt. Er hat Angst, dass wir bei der Rückfahrt nach Deskit wieder in der Muräne stecken bleiben oder die vielen Schmelzwasserabgänge, die wir auf dem Weg hierher durchfahren haben, noch mehr ansteigen.

So machen wir uns schnell auf den Rückweg. An unserer Muräne stehen nun sehr viele Leute aus dem Dorf und helfen den Fahrzeugen, die hier durchfahren möchten, beim Schieben und Ausgraben. Einige stecken richtig schön fest. Wir beraten uns kurz und unser Fahrer versucht etwas oberhalb der eigentlichen Straße die Muräne zu passieren. Wir steigen aus, um ihn an etwas schwierigen Passagen anzuschieben oder große Steine aus dem Weg zu räumen. Nach spannenden vierzig Minuten ist die Stelle sicher durchfahren. Den Abend verbringen wir im Garten des Guesthouses mit einem belgischen und einem neuseeländischen Paar. Nach einigen God Father und vielen Reisegeschichten sinken wir zufrieden in unseren Schlafsack.

Überraschend zurück nach Leh

Beim gemeinsamen Frühstück im Garten steht plötzlich unser Fahrer am Tisch und berichtet, dass es nicht sicher ist, ob morgen der Khardung La noch geöffnet und befahrbar ist. Wegen der starken Schneeschmelze ist es wahrscheinlich, dass ab morgen Reparaturarbeiten durchgeführt werden müssen und zu diesem Zweck der Pass gesperrt wird. Da wir nicht viele Karenztage in Leh eingeplant haben, entschließen wir uns, dem Rat unseres Fahrers zu folgen und früher als geplant zurückzukehren. Auf jeden Fall möchten wir aber vor der Rückfahrt noch das Kloster in Sumur besuchen.

Auf dem Weg dorthin bemerken wir sofort, dass der Wasserstand der Flüsse Shyok und Nubra erheblich zugenommen hat. An wesentlich mehr Stellen als gestern fließt nun Schmelzwasser über die Straße. Das Kloster in Sumur liegt in einem kleinen Wäldchen oberhalb des Dorfes. Es ist relativ neu und sehr sauber. Zu unserer Verwunderung gibt es hier einen Raum für den Abt, in dem Stühle stehen und eine Heizung installiert ist. Auch eine Toilette nach westlichem Standart steht dem Abt zur Verfügung.

Nun machen wir uns schnell auf den Rückweg. Nicht dass heute schon durch Schmelzwasser die Passstrasse unpassierbar wird. Im Ort Khardung machen wir eine kleine Pause. Hier ist alles total verschmutzt und klebrig. Zum ersten Mal in der ganzen Zeit ekelt sich Heike und sie ist kurz davor, sich zu übergeben.

Die Weiterfahrt ist ein echtes Abenteuer. An manchen Stellen der Straße meint man in einem Fluss zu fahren, denn das Schmelzwasser nutzt die freie Trasse der Straße, um ins Tal zu fliesen. Nach vielen Stopps, bedingt durch Gegenverkehr und ausgespülter Strasse, erreichen wir die inzwischen touristenfreie Passhöhe. Bei der darauf folgenden Abfahrt versuchen wir uns mal wieder nur auf die grandiose Aussicht zu konzentrieren und nicht an mögliche Unfälle auf der engen Straße zu denken. Im Guesthouse angekommen fühlt sich Heike zum k….. und verbringt den Rest des Tages im Bett. Da wir ja nun einen Tag früher als geplant zurückgekommen sind, organisiere ich noch schnell einen Fahrer für den nächsten Tag, in der Hoffnung, dass es Heike wieder besser geht und wir uns die Königspaläste von Stok und Shey ansehen können. Den Abend verbringe ich auf einer Dachterrasse mit ein paar God Father und einer großen Pizza.

Paläste von Shey und Stok

Der Palast von Shey liegt etwa fünfzehn Kilometer von Leh entfernt direkt oberhalb der Hauptstraße. Hier war bis in das fünfzehnte Jahrhundert die Hauptstadt der Herrscher von Ladakh. Später wurde Ladakh von Leh aus regiert. Oben vom Palast aus haben wir eine schöne Aussicht auf das fruchtbare Industal. Der Palast ist eigentlich total zerfallen. Sehenswert ist aber der Shakya Thubpa Tempel mit seiner etwa acht Meter großen, vergoldeten Buddhafigur aus Kupfer. Die restlichen Räume sind durch die ewig brennenden Butterlampen total geschwärzt und die ehemals prachtvollen Zeichnungen an den Wänden sind leider kaum noch zu erkennen. Da Heike sich immer noch nicht so fit fühlt brechen wir bald auf und fahren noch auf die andere Talseite zum Königspalast von Stock. Beim Überqueren des Indus fällt sofort auf, dass auch hier der Wasserstand durch die Schneeschmelze ganz schön angestiegen ist.

Der Palast ist von weitem zu sehen und liegt auf einem Hügel oberhalb des Dorfes. Im Palast selbst wohnen die letzten noch lebenden Nachfahren der ladakhischen Königsdynastie und es befindet sich noch ein kleines Museum im Innern des großen Gebäudes, in dem wertvolle Stücke aus dem königlichen Besitz gezeigt werden. Vor dem Palast treffen wir die Belgier aus dem Nubra Tal wieder. Gemeinsam laufen wir hoch zum Palast und besichtigen das Museum. Sehenswert ist der mit vielen Türkisen besetzte Kröhnungsperak und die mehr als fünfhundert Jahre alten Thangkas. Auch der kleine Tempel im Innern des Hauses ist einen Besuch wert.

Auf der Rückfahrt nach Leh ist in Choklamsar erst mal Ende. Durch das viele Schmelzwasser ist die Brücke zurück nach Leh total überflutet und droht weggespült zu werden. Ein Überfahren ist nicht mehr möglich. Nach einem vergeblichen Versuch, oberhalb des Ortes den inzwischen reißenden Bach zu überqueren, entscheidet sich unser Fahrer, auf der anderen Indusseite zurückzufahren. Nach einer anstrengenden Fahrt über eine sehr holprige Piste erreichen wir am frühen Nachmittag wieder Leh. Im Penguin Cafe essen wir verspätet zu Mittag und verbringen mit etwas Shopping, in den Souvenirläden von Leh, den Rest des Tages. Am Abend essen wir mal wieder italienisch und die Penne schmeckt uns heute besser als in Italien.

Leh

Senkrecht stehen wir im Bett als es um halb sechs heftig an die Tür klopft. Von draußen ruft jemand „Mister, your car to the airport is ready". Wir schrecken auf und öffnen die Tür. Draußen steht unser Fahrer und schaut uns etwas verwirrt an, denn er soll uns heute Morgen zum Flughafen fahren. Hektisch versuchen wir herauszufinden, welches Datum heute ist. Wir rechnen anhand des Tagebuches nach und suchen schlaftrunken unsere Flugtickets. Nach etwa zehn schrecklichen Minuten ist klar, der Fahrer ist einen Tag zu früh hier.

An Schlaf ist nun nicht mehr zu denken und so setzen wir uns in den Garten, schreiben unser Tagebuch und frühstücken sehr ausgiebig. Den letzten Tag verbringen wir noch an der zehneckigen Chörte in Chanspa, essen wieder im Penguin Restaurant zu Mittag und schreiben im Internetcafe noch ein paar Mails nach Hause. Nachmittags kaufen wir noch Aprikosenmarmelade, einen Lampion mit buddhistischen Symbolen und eine CD mit meditativer Musik. Bevor wir uns dann am Abend mit Katja, die inzwischen auch zurück ist, treffen, laufen wir noch einmal durch die Altstadt von Leh und packen danach unsere Rucksäcke für den Rückflug am nächsten Morgen. Das Abendessen nehmen wir wieder im „Il Forno" auf der Dachterrasse mit Katja ein. Dort sitzen wir lange zusammen und erzählen über unsere Erlebnisse. Katja ist heute erst aus dem Nubra Tal zurückgekommen und berichtet über sehr große Schäden an der Passstraße. Nach ihrer Durchfahrt ist die Straße auch tatsächlich wegen Reparaturarbeiten gesperrt worden. Glück gehabt.

Leh - Delhi

Da unser Fahrer heute Morgen nicht da ist, fährt uns der Hausherr spontan zum Flughafen. Die Prozedur beim Einchecken ist total unübersichtlich und chaotisch, mehrmals wird das Gepäck gecheckt. Wir müssen zweimal eine Leibesvisitation über uns ergehen lassen und das Gepäck vor dem Verladen ins Flugzeug als das Unsrige identifizieren. Im Boarding Room sind wir die Einzigen, die sich an das offizielle Handgepäckverbot gehalten haben, denn alle anderen Mitreisenden haben Handgepäck dabei.

Die Aussicht beim Start ist fantastisch, schnell steigt die Maschine hoch und gewinnt an Höhe. Unter uns sehen wir die Felder von Leh. Wir überfliegen die Straße nach Likir und sehen unter uns den Zusammenfluss von Indus und Zanskar. Die ersten zwanzig Minuten haben wir noch eine sehr gute Sicht über die Bergwelt unter uns. Dann ziehen jedoch Wolken auf und daran ändert sich nichts bis wir in Delhi landen. Die nächsten zwei Tage bis zu unserem Rückflug nach Deutschland werden wir noch in Indien verbringen. Da der Flug von Leh nach Delhi aus Wettergründen manchmal nicht möglich ist, haben wir noch einen Tag Taj Mahal und einen Tag Delhi als Karenztage eingeplant.

Ashok erwartet uns schon am Flughafen. Wir sind froh, uns nicht mit den Schleppern der Unterkünfte auseinandersetzen zu müssen, sondern herzlich von Ashok empfangen zu werden. Dreiunddreißig Grad Celsius ist es laut Ansage des Piloten in Delhi. Auf dem Weg zu unserer Unterkunft fängt es immer wieder kurz an zu regnen. Im Hotel Marina checken wir ein und verbringen den Rest des Tages in der Janpath Road und rund um den Connaught Place. Da der Monsun schon eingesetzt hat kommt es immer wieder zu kurzen heftigen Niederschlägen, was zur Folge hat, dass an manchen Stellen das Wasser knöchelhoch auf der Straße steht. In Anbetracht der Zustände, in welchem sich die Straßen und Abwasserkanäle befinden, ist dies ein hygienisches „Nightmare". Abends gehen wir noch ins Kwality zum Essen und fallen todmüde ins Bett.

Ausflug nach Agra zum Taj Mahal

Gegen sechs Uhr werden wir von Ashok zu unserem Ausflug ins zweihundert Kilometer entfernte Agra und zum Besuch des Taj Mahals abgeholt. Die Autofahrt dauert etwa vier Stunden. Zwischenstopp ist in einem Touri Maharaja Hotel. Wir sind mal wieder die einzigen Gäste in dem riesigen Anwesen. Im Innern erwartet uns vor dem Erreichen des Gastraumes zuerst ein Spießroutenlauf durch eine ganze Reihe von Souvenirläden. Da uns der Gastraum zu kalt klimatisiert ist und draußen schönes Wetter herrscht, setzen wir uns an einen Tisch in einem schönen Garten.

Tee ist schnell bestellt, jedoch ist dieser ungenießbar. Er schmeckt als hätten sie alle Reste der letzten Jahre zusammengeschüttet und wieder aufgebrüht. So landet er nicht in unseren Mägen, sondern im hohen Bogen heimlich auf dem Rasen. Die Weiterfahrt führt uns über eine gut ausgebaute Straße durch Dörfer und Märkte und durch ein riesiges Industriegebiet, welches wir vor der Rushhour durchqueren.

Der Parkplatz zum Taj Mahal liegt etwa eineinhalb Kilometer vor dem eigentlichen Bauwerk. Da wir einen leichten Bewegungsdrang verspüren, laufen wir die Strecke bis zum Eingang, jedoch folgen uns Heerscharen von Rikscha- und Kutschenfahrern, die ihre Dienste lautstark anpreisen. Wir können keinen Schritt mehr alleine gehen.

Am Eingang werden alle Taschen gründlich durchsucht, die Taschenlampe in Heikes Rucksack muss leider draußen bleiben. Mal gespannt ob wir sie wieder sehen. Die Anlage ist riesig. Die Gebäudekomplexe vor dem eigentlichen Grabmal sind alle aus rotem Sandstein. Es sind fast nur einheimische Pilger und Touristen hier, wegen des Monsuns sind um diese Jahreszeit keine Europäer unterwegs. Am Zugang zur Hauptanlage schießen wir das obligatorische Foto des Taj Mahals. Im Vordergrund als Einrahmung der Rundbogen der Eingangshalle, dahinter die Gartenanlage und am Ende steht majestätisch das Taj Mahal. Der Wettergott ist heute gut gelaunt, denn wir haben trotz Monsun kaum Wolken am blauen Himmel. Einfach genial. Bevor wir jedoch durch den Garten zum Grabmal laufen, müssen wir erst noch als Fotomotiv für indische Touristen herhalten. Für Inder ist es etwas Besonderes, sich zusammen mit Europäern ablichten zu lassen.

Da viel weniger Besucher anwesend sind als normalerweise, können wir sofort auf die große Plattform vor dem Eingang hochsteigen. Normalerweise sind hier bis zu mehreren Stunden Wartezeit einzuplanen. Erst verstauen wir noch unsere Schuhe im Rucksack, denn ab hier ist Barfuss gehen angesagt. Das Weiß des Marmors des Fußbodens und des Gebäudes reflektiert die Sonne so stark, dass wir uns ohne Sonnenbrille hier oben überhaupt nicht aufhalten können.

Von nahem erkennen wir die besondere Handwerkskunst, die hier am Taj Mahal geleistet wurde. Die schwarzen Schriftzeichen an den Eingangstüren sowie die Blumenornamente sind nicht aufgemalt, sondern sind Einlegearbeiten aus schwarzem Marmor sowie aus Halbedelsteinen. Im Innern stehen die Sarkophage des Mogulherrschers und seiner Frau. Der große Raum ist überfüllt mit den schönsten Steinmetz- und Einlegearbeiten. Einzig der Lärm der Besuchergruppen stört die Atmosphäre.

Draußen sind wir wieder Mittelpunkt der indischen Bevölkerung. Immer wieder müssen wir uns zwischen Menschengruppen stellen, damit ein Foto mit uns und dem Taj Mahal geschossen werden kann. Nach etwas drei Stunden und vielen Bildern des weißen Grabmals machen wir uns auf, um noch eine Werkstatt für die Einlegearbeiten zu besuchen. Vorher besorgen wir aber noch Heikes Taschenlampe, die tatsächlich noch vorhanden ist.

In der Werkstatt schauen wir uns die mühevolle Arbeit an. Es ist ein sehr aufwendiges Verfahren die Halbedelsteine so zu schleifen, dass sie später beispielsweise eine Rose ergeben. Nach dem Besuch der Werkstatt geht es natürlich auch noch durch einen Verkaufsraum, wo man von kleinen Tellern bis hin zu großen Tischen alles kaufen kann. Wir beschränken uns dann doch wegen des Transportproblems auf einen kleinen Untersetzer mit einem schönen Blumenmotiv aus Halbedelsteinen.

Auf dem Rückweg nach Delhi versorgen wir uns noch auf einem kleinen Markt mit Gewürzen. Ashok verschwindet auch noch in einem Geschäft, wo er für seine Familie kandierten Kürbis kauft. Uns schenkt er auch eine kleine Schachtel. Es ist eine Spezialität und immer wenn er mit Besuchern hier ist, muss er etwas für seine Kinder und seine Frau mitbringen. In einem kleinen Restaurant essen wir dann noch eine Kleinigkeit, bevor wir die anstrengende Heimreise antreten. Denn nun ist viel mehr Verkehr auf den Straßen, überall wimmelt es von Autos, Rikschas, Fahrrädern, Ochsenkarren und Fußgängern. Wir wundern uns, dass wir nicht alle zwei Minuten einen Passanten unter den Rädern haben. Im großen Industriegebiet vor Delhi ist zeitweise der totale Stillstand. So erreichen wir dann auch erst gegen neunzehn Uhr Delhi und fallen nach einem Essen im Nirula todmüde ins Bett.

Delhi und zurück nach Deutschland

Den letzten Tag verbringen wir mit Sightseeing rund um den Connaught Place. Viele Geschäfte hier gleichen denen in Deutschland. Jedoch ist das, was sich auf den Straßen davor abspielt, kaum zu beschreiben. Da gibt es Geschäfte, die hypermodern eingerichtet sind und Preise haben wie bei uns in Europa, jedoch steht davor ein Wachmann mit Pump Gun und gleich daneben liegt ein total verkrüppelter Bettler. Da wir am Nachmittag all dieses Elend nicht mehr ertragen können, verbringen wir mehr als eine Stunde in einem internationalen Fastfood Restaurant. Wie schön war es doch in den Bergen.

Um einundzwanzig Uhr klopft es an unsere Tür. Ashok steht mit einem Träger vom Hotel vor der Tür. Schnell checken wir aus und verstauen unser Gepäck in dem kleinen Wagen, der uns zum Flughafen fährt. Auf den Straßen ist nun die Hölle los. Kurz vor dem Flughafen stehen wir etwa eine Stunde im Stau. Wir überlegen schon zu Fuß weiterzulaufen, um unser Flugzeug zu erreichen, doch dann setzt sich die Blechlawine glücklicherweise in Bewegung und wir erreichen den Flughafen doch noch rechtzeitig. Wir wissen ja nicht wie lange die Sicherheitskontrollen dauern werden, denn Ashok erzählte uns, dass es einige Zeit in Anspruch nehmen kann, diese zu passieren.

Die Zeit bis zum Abflug zieht sich wie Kaugummi, denn der Abflug ist erst um halb drei. So nutzen wir die Zeit, um noch diverse E-Mails nach Hause zu schreiben und die letzten Rupies in mehr oder weniger sinnvolle Andenken umzutauschen. Da sich an der Sicherheitskontrolle schon lange Schlangen bilden, entschließen wir uns frühzeitig anzustehen.

Kaum haben wir die Reiseflughöhe erreicht, bringt uns die Stewardess zwei Gläser Sekt. Wir stoßen an und feiern unsere gelungene Tour durch das faszinierende Ladakh. Da sitzen wir nun voller Erinnerungen an die schöne Reise. Unsere Gedanken sind bei den netten Menschen, die wir kennen gelernt haben.

Sei es Ashok, der uns Delhi näher gebracht hat, unser Guide Tundip der uns die Klöster im Industal gezeigt hat, unseren Eselsführer Shiri beim Trekking, oder die Menschen überhaupt. Sie sind anders als sonst wo auf der Welt. In ihrer Armut zählen andere und wichtigere Werte als Geld, Reichtum und Äußerlichkeiten. Das ist sicherlich der Grund, warum die Menschen im Himalaya so liebenswert sind.

Wir kommen wieder das ist sicher …